Q

15,80

Giorgio Manganelli

Amore

Aus dem Italienischen von
Iris Schnebel-Kaschnitz

Verlag Klaus Wagenbach Berlin

Das italienische Original erschien unter dem gleichen Titel bei Rizzoli Editore in Mailand.

Quartheft 118

Bamberger Straße 6, 1000 Berlin 30
Satz und Druck: Poeschel & Schulz-Schomburgk, Eschwege
Bindung: Hans Klotz, Augsburg
Umschlag: Theodore Chasseriau, La Toilette d'Esther (Ausschnitt).
Quelle: Archiv für Kunst und Geschichte, Berlin
Gesetzt aus der 10 Punkt Janson Antiqua

ISBN 3 8031 0118 2

Donna me prega, – per ch'eo voglio dire
d'un accidente – che sovente – è fero
ed è sì altero – ch'è chiamato amore.

Guido Cavalcanti

Amore .. ich glaube, es ist notwendig, Dich zu nennen, oder besser gesagt: Deine Bestimmung, Deine Aufgabe auszusprechen, denn ich kenne von Dir weder Namen noch Existenz. Ich nenne Dich also: ein phonischer Finger zeigt Dich im Zentrum der Nacht. Ich erinnere mich keiner Zeit, da es nicht Nacht gewesen wäre, und darum konnte ich Dich nie anders zeigen als mit diesem zerstreuten und gesammelten Spiel einer Hand, die ich nicht sehe. Dies möchte ich Dir sagen, die Du nicht zuhören kannst: daß ich fortgehen muß, in Kürze, in dieser Nacht noch, die in jedem Augenblick gleichweit von Morgenrot und Abenddämmerung entfernt ist. Ich gehe und spreche leise vor mich hin, unter meinen Füßen knarrt das Holz des Laubengangs, ich horche auf das Lärmen des Waldes. Im schwachen Schimmer der niedrigen Wolken und des Nebels versuche ich, Dir einen Brief zu schreiben, der Dich indes nie erreichen wird. Ich weiß, daß Du an irgendeinem Ort des großen Hauses schläfst; ich horche auf das Haus, das unter Ächzen und Knirschen beständig wächst, aus dem kleine Türmchen emporwachsen, Balkone hervorschnellen und Kuppeln herausplatzen, wo Zimmer Zimmer gebären, Gänge und weitere Zimmer. Im Schlafe wirst Du von Zimmer zu Zimmer geleitet, ohne es zu merken, und mit einem leichten und tiefen

Seufzer fällst Du in Betten, die immer unmöglicher zu finden sind. Die Dich geleiten, ohne je die zarte Haut Deiner Träume zu verletzen, wollen Dir wohl, lieben Dich, auch wenn ihre Gestalt bizarr und beunruhigend ist; und ihnen, Deinen Dienern, werde ich diesen Brief überlassen, den ich in den Laubengang werfe, in der Hoffnung, sie mögen ihn entdecken und Dir überbringen. Ich höre ihre Schritte auf den schwankenden Böden des wachsenden Hauses; und obwohl ich sie – so bescheiden und diskret – nie gesehen und nie mit ihnen das Brot gebrochen oder nächtens in müßiggängerischer und komplizenhafter Geduld mit ihnen Würfel gespielt habe, so glaube ich doch, sie zu kennen, diese haarigen Hunde mit den großen Stiefeln, diese flinken Katzenhände, diese dienstbeflissenen Schlangen; aber auch das weiß ich: daß selbst sie nicht wissen, in welches Zimmer man Dich gebracht hat, und daß ihre Aufgabe einzig darin besteht, über Deinen Schlaf zu wachen, Deine Träume zu behüten und den Hauch Deines Atems gegen die Vorhänge zu lindern; und das tun sie, indem sie wie zufällig in einem Gang herumliegen, über eine Loggia, einen Altan laufen, so als hätten sie Rufe – Deine Stimme – gehört, in Wirklichkeit aber nur, um ihren sanften aber beharrlichen Gehorsam zu bezeugen; denn auch wenn Du, in der Bitterkeit eines plötzlich unerträglich gewordenen Schlafs, versuchtest, mich zu rufen, sie zu rufen, zu rufen, würde niemand sich auch nur anschicken, das Labyrinth zu durchlaufen, das Dich ausschließt und beschützt. Nicht anders, Liebe, liebe ich Dich: indem ich Dich »hier« weiß, aber eingeschlossen in ein »Hier«, das sich in jedem Moment austüftelt und ausdehnt, und das, wenn ich nicht fliehe, bald so groß sein wird wie die Welt. In dieser Erfindung eines »Hier«, das uns ein alltägliches Zusammenleben und ein völliges Getrenntsein ermöglicht, erkenne ich Deine wohlwollende Ironie. Und in der sicheren Festung Deines Schlafs – in der alten Stadt Deiner Träume, wo kein Brief Dir je überbracht wird – weißt Du, gewiß, daß ich mich in gleichem Maße von Dir entferne wie Du mir ein unfaßbares aber nicht unlauteres »Hier« anbietest – nicht um Dich zu verlieren, sondern um Dich zu suchen; denn in diesen Rätseln, Wortspielen, Palindromen, Unlieben und Lieben und in der Amphibolie der Begegnungen und der Symmetrie erträumter Umarmungen muß ich fliehen, um Dich zu suchen, Dich verlassen, um Dich zu erreichen, Dir den Rücken kehren, um Dein Gesicht zu erkennen. Denn eines weiß ich: je näher ich Dir bin und je mehr ich den verlogenen und unbeständigen Plänen des Hauses vertraue, in dem ich Dich finden könnte, desto beharrlicher bleibst Du mir verborgen, unbegreiflich, inexistent. Bisweilen stelle ich mir vor, ich stürzte mit Schwertern und Fackeln durch das Haus, um es zu zertrümmern und den Flammen anheimzugeben; und niemand würde mich daran hindern. Würdest Du dann aber je etwas anderes sein als die zerbrechlichen und vergänglichen Trümmer eines Hauses, die ein harmloser, kindlicher Wind verweht hat? Wenn ich Dich suche, verliere ich Dich; wenn ich das, was mich von Dir trennt, zerstöre, wird alles, was ich zerstöre, zu einem Teil von Dir, Du selbst. Du schlägst mir eine Trümmerumarmung vor. Indem ich Dich verliere, suche ich Dich; wenn ich fortgehe, werde ich zum Pilger und merke, daß von allen Zügen Deines Gesichts, Deines Körpers es dieser eine – die Ferne – ist, der mir gestattet, Dich überall wiederzuerkennen; und darin bist Du anders als alle anderen.

Deshalb sage ich Dir nicht »Adieu« – dieses Wort, dessen unerträgliche Beredsamkeit mit einer scharfen, schmerzlichen Unlauterkeit gepaart ist. Trotzdem weiß ich, daß etwas Wahres ist an diesem Begegnungs-Lebwohl, zumal die Extravaganzen der Zeit, das Gestammel der Orte und die Geschwindigkeit und der unvermittelte Stillstand der Sterne uns in jedem Augenblick zusammenführen und auseinanderreißen können: werden wir also unzählige Male einander nahe und unsichtbar sein? Werde ich betrachtet und durchsichtig, gerufen und taub, genannt und namenlos sein – aus altgewohnter und unausrottbarer Einsamkeit? Ich werde an Dich stoßen und um Verzeihung bitten, zerstreut und mit abgewandtem Blick, und werde Deine Stimme nicht erkennen, wenn Du mich fragst: »Wird es regnen heute Nacht?« Aber auch dieses könnte ich annehmen: daß ich gemeinsam mit Dir reise und daß unsere Reise ein Ziel hat, das nur einen Steinwurf weit von ihrem Beginn entfernt ist. Ich breche also auf, Liebe. In dem Augenblick, den ich den Etappen meiner Abreise widme, während ich die Abschiedsformel übe, kann es geschehen, daß Deine Träume – fern und träge – sich mit buntem Lärm von Pferdehufen, Armeen, verlorenen Fahnen und Blut füllen. Jener überwältigte, zerfetzte Schatten, den Du unsicher wahrnimmst, ja, er ist es, er, der – glücklich über die Katastrophe – Dich liebend die Niederlage sucht, das Desertieren zur Flucht erhebt und aus dem tödlich getroffenen Schemen ein sturmtrotzendes Banner macht.

Ich habe eine wilde und abgefeimte Schlacht hinter mir, gegen unbekannte Feinde oder solche, die nur ich mir zu Feinden erkoren habe, um eine Niederlage für mich herauszuschlagen. Die erlittene Qual verwüstet, brandmarkt meinen Körper. Rückblickend zeitigt die Flucht alle befreienden Symptome der Niederlage. Ich habe die Versuchung des Sieges von mir gewiesen und gewissenhaft den Tod gesucht, die Zerstreuung der Glieder. Als plumper aber hochtrabender Krieger habe ich im Kampfe Schild, Rüstung und Lanze verloren. Ich habe den Tod erprobt und die Schande des Lanzenstichs in den Rücken gewählt.

Wenn allein die Niederlage mir Hoffnung auf Reiseweg, Verfolgung und Flucht gewährt, dann habe ich auch das Recht, meiner Leiche eine gebührende letzte Ehre zu erweisen, indem ich eine Unternehmung vortäusche, deren echtes Heldentum gänzlich verborgen bleibt – eine Tücke, ein Rätsel. Ich lege Trauer an für meinen Tod. Während meine Zunge ein lächerliches Klagelied lispelt und die Zähne eine endlose Litanei murmeln, beklagen sich meine Hände – füreinander gestorben – gegenseitig in mannhaftem Schmerz, und in jedem meiner Augen mischen sich Tränen und Stolz über den Tod des anderen Auges. Mein eigenes Begräbnis: ich schreite feierlich einher, gehüllt in das prunkvolle Karmesin meines Blutes; aus meinen blaßblauen Nägeln, den halbgeschlossenen Lidern, dem blendenden Weiß meines Schädels wachsen edle, leidtragende Verwandte, die von weither gekommen sind, verwaiste Knappen, die sich weinend an meine Sporen heften, Krieger, die den Glanz meiner Pupillen nicht vergessen haben. Ich bin mir Klageweib, melodischer Priester, lamentierender Trauerzug. Ich beweine mich, weihe mich, feiere mein Gedenken, preise mich. Bestattet werde ich namenloser Marmor sein – Grab und Festung zugleich.

Ich bin im Zentrum des Waldes, und ich weiß, daß der Wald mich annimmt. Blätter, Moos, Pilze und Gräser, riesige Baumstämme und schlanke Sträucher haben meinen Weg gesäumt, meine Wunden gezählt, die Farbe meines Blutes erörtert und die unzweifelhafte Feierlichkeit meines Begräbnisses gewürdigt. Der stilvoll zur Schau gestellte Schmerz meiner Knappen hat ihn vorteilhaft beeindruckt. Die mustergültige Katastrophe, mein Fluchttod und der Leichenpomp haben mir das Recht zur Flucht verliehen. Erhabener Ort, Freund aber nicht Kumpan, Kumpan aber nicht Mittäter: der Wald. Ihn beleuchtet die Phosphoreszenz des Zerfalls; riesige Blätter stellen in anmutigem Stolz das leuchtende Sumpffieber zur Schau. Der Wald nimmt mich an; ich habe das Haus, in dem Du träumst, endgültig verloren, und stattdessen den Tod, die Schande, die Flucht gewählt. Ich habe gut daran getan, jegliche Zukunft zu verlieren. Mein Wappen ist die Schande, und mein Tod dient mir als unversehrte Rüstung.

Der gastfreundliche, würdevolle, vornehm theatralische Wald veranstaltet Darbietungen mit illusionistischen Trugbildern zur Zerstreuung meiner gemarterten Seele. Ein Mann zu Pferd verfolgt ein weinendes Mädchen, fängt es, krönt es, kniet vor ihm nieder, schlägt ihm unvermittelt mit glattem Hieb den Kopf ab, zerreißt, zertrampelt und verstreut seine Glieder und schluchzt verzweifelt ob der verlorenen Königin. Eine junge Frau mit einem Kopf und drei Gesichtern bietet sich dem mordenden Ritter an, doch die drei Gesichter haben nur einen Mund und Krallen anstelle von Zähnen; und dieser Mund lächelt. Zwei schweigsame Schatten verfolgen sich im Kreis, und als sie sich berühren, zerfließen sie zu Schlamm, auf dem viele Augen schwimmen, jedes anders als die anderen. Tausend blutige abgehauene Köpfe streiten sich um das Gold einer Krone und zerfleischen sich gegenseitig mit den Zähnen. Regenpaläste entstehen und zerfließen, und mein Herz klopft, denn nur so könnte Deine Behausung beschaffen sein. Ich weine, und mein Weinen ist der Regen, der den Wald erquickt. Der Wald schätzt meine

Tränen, die er – vermutlich nicht zu Unrecht – als Ehrfurchtsbezeugung ansieht. Ich gehe auf einen Wasserpalast zu, verschwommene Schatten schweigsamer Tiere, Gespenster, vielleicht menschliche. Er löst sich auf, erscheint wieder, verschwindet – vielleicht zu seinem eigenen Leidwesen. Der Wald gestattet mir weiterzugehen.

Wunderbare nächtliche Welt! Welt ohne Formen und Orte, wo ein Ton ein winziges Tier ist, vom Zischen einer Schlange nicht unterscheidbar, verrottetes Gewebe eines Baums, pilzige Hefe, der Tod eines Falters, den eine unnatürliche philosophische Grübelei zermürbt hat. Jedes Geräusch könnte Dein Schritt sein; wenn ich auf dem freundschaftlichen und gleichgültigen Moos einhergehe, dann unterscheidet mein Gang sich nicht von Deinem, und ich spiele Mit-Dir-Zusammensein, meine Getrenntheit! Scharfe Augen erspähen Gespenstertau, ertappen Blumen, wie sie Abschiedsbriefe schreiben vor der Vollstreckung des Todesurteils, während die nachtwandelnde Feuchte des Grases der drohenden Angst künstliche Tränen feilbietet; all das wird mir geschenkt: ich weine, ich schreibe, ich verzehre mich und vergehe, ich laufe, grüble unablässig, verschmutze mich mit mir selbst, sterbe unentwegt und überlasse meine Liebe, die mich lebendig macht um mich zu töten, der Nacht, dem Wald – Geräusche und Stille.

Ich bin also ein winziges samtpfötiges Tier im Gras – verloren, unauffindbar. Oder macht gerade die Winzigkeit meiner Glieder, mein Befreitsein von einem Namen, daß ich mich nie verlieren kann und überall vom Walde genährt werde? Und ist das, was ich für meine Körperwärme halte, nichts anderes als die Wärme der bewaldeten Hand, die mich hält? Dann befänden wir uns also beide, Du und ich, Liebe, in dieser Hand und wären seit jeher zusammen – oder hat sich zwischen Dir und dem Wald eine Komplizenschaft gebildet, die mich ausschließt? Ich wage es nicht, Dich als Hand zu phantasieren, und doch tue ich eben das: ich laufe umher und stöbere, schreite voran und forsche, und befinde mich doch immer am gleichen Ort, und dieser Ort, Liebe, bist Du.

Wunderbare nächtliche Welt! Habe ich nun genügend Meilen durchlaufen, um zum Verbannten, Ausgestoßenen, Geächteten erklärt zu werden? Doch wann habe ich je ein Zuhause gehabt? Kein Wörterbuch verzeichnet das Wort »Vaterland«, nie hat mich jemand abgewiesen, verschlossene Türen kenne ich nicht; nur die mehrdeutige und metamorphische Zurückweisung des Traums habe ich erfahren: Hände, nicht von Menschen, haben Schlafriegel vorgeschoben. Ich weiß, es ist unvernünftig, den Zugang zu den Träumen zu suchen – es gibt indes keinen anderen Ort, in den einzudringen sich lohnt, von dem man nicht mehr fliehen will, nicht mehr zu fliehen wünscht. Ein Ankunftsort, eine nächtliche Endstation, etwas, das keine Wegstrecke mehr ist. Ich bin dumm und ehrgeizig. Ich bin zerbrechlich und unwissend. Wie viele kleine Mißbildungen formen meinen männlichen Körper! Seht Ihr? Ich gebrauche das Ausrufungszeichen. Es ist nicht unmöglich – die Nacht ist viel zu tief –, daß ich in Spitzen gekleidet das Double eines barocken Ritters bin, die Kopie einer Marmorleiche, die einen Krieger darstellt – einen echten Mann –, der von der Würde seines Todes auf dem Schlachtfeld erzählt – hingestreckt auf einen Sarkophag, der jedem seiner Worte aufmerksam und ehrfürchtig lauscht. Oder bin ich vielleicht ein Schiffbrüchiger? Oder ein unfähiger Pirat, den man bei seinem ersten, schüchternen Enterungsversuch gefangengenommen hat? Ich habe das Meer nie gesehen, und ich bezweifle, daß es existiert; vermutlich habe ich panische

Angst, daß es existiert, denn wie könnte ich dann unter all den zahllosen Schiffen dasjenige erkennen, das Dich birgt? Und wenn Du von einem Schiff träumst und damit übers Meer fährst, wie kann ich dann je in sein Holz eindringen oder inmitten einer Schar abenteuerlustiger junger Burschen an seinen Tauen hochklettern und auf dem öden Deck herumtorkeln, das von der Würze einer Reise durchdrungen ist, deren Anfang und Ende ich nicht kenne? Wie oft wurde ich schon für untauglich befunden? Wie oft wurde ich getötet? Wie viele Gräber könnte ich als meine erkennen? Ich weiß nicht, wie oft ich Dir schon aufgelauert habe – an Straßenrändern und Gräben, in Sümpfen und Gehölzen, auf unsinnige Nachrichten gestützt und aus Gerüchen, Melancholien und dem Knacken brechender Zweige voreilige Schlüsse ziehend.

Aber ich fürchte Dich, etwa wenn ich merke, daß Du mir entgegenkommst, und wenn eine Geste sich ankündigt, die man als Einflüsterung auslegen könnte. Ich weiß nicht, ob Du betrügerisch und lasterhaft bist, oder ob dieses mir Zustimmen und Ausweichen bei Dir natürlich und arglos ist; oder ob es mir bedeuten will, daß Du es magst, wie ich Dich verfolge, wie ich aus meinem Leben die geduldige Auslegung einer Halluzination mache.

»Entschuldigen Sie, mein Herr«, sagt mir eine höfliche, ein wenig weinerliche, vielleicht bekümmerte Stimme; aber der Mann, der das Wort an mich richtet, hat ein altes, sehr altes Gesicht, faltig und listig, ein boshaftes und ironisches Gesicht, mit dem er eher einem Falschspieler gleicht, der die Karten gibt, als einem Techniker des Schicksals. Dieser sehr alte Mann sitzt auf einem wackligen Bürostuhl hinter einem derben Tisch, und auf dem Tisch liegen ordentlich sortiert Karten, Briefe und Wurfsendungen – die Post. Ich betrachte den alten Mann: ich weiß wirklich nicht, ob es statthaft ist, ihn nur einen Mann zu nennen und nichts weiter: sein Gesicht ist wechselhaft, und ich begreife nicht, wie viele Hände er hat. »Entschuldigen Sie, mein Herr«, wiederholt er mit einer Liebenswürdigkeit, die etwas Schmieriges hat, »Sie haben vermutlich die Eiche nicht bemerkt«, und er deutet auf eine Eiche hinter seinem Rücken, die zugleich etwas Archaisches und Blendwerkhaftes, etwas niedrig Theatralisches, wenn nicht gar Ruchloses hat. Ich sehe den sehr alten Herrn fragend an und versuche, seinen Blick in meinem festzuhalten. »Diese Eiche«, fährt der Herr fort, »ist, wie Sie bestimmt wissen, eine Eiche von ungewöhnlicher Ernsthaftigkeit, und viele würden sie ohne Zögern als bedeutend bezeichnen.« Er spricht, als wenn die Eiche zuhörte und er einen guten Eindruck zu machen wünschte. Das Rauschen des großen Baumes könnte auch ein Scherz oder ein Ausdruck feierlicher Zufriedenheit sein. »Wer an diesen Ort gelangt«, erklärt der sehr alte Herr weiter, »ist gewöhnlich von Problemen, Fragen, Ratlosigkeiten, Hirngespinsten, Verzweiflungen und Hoffnungen geplagt, sofern er nicht selbst ganz und gar ein Fragezeichen ist; ich nehme deshalb an, daß ein vertrauliches Gespräch mit dieser Frau Eiche auch für Sie nicht ohne Nutzen wäre.« Ich weiß, daß ich diesen Mann kenne; er muß irgendwo Juwelenhändler, Experte für Perlen und Edelsteine gewesen sein; er hat getötet, aber immer nur im Auftrag und ohne je Blut zu vergießen – in äußerst ehrbaren kirchlichen Kreisen; obwohl er nichts vom Geschlechtlichen weiß, war er, und ist vielleicht immer noch, ein achtbarer und geduldiger Zuhälter, ein Kuppler, welcher Edlen und

Schurken gleichermaßen zu Diensten steht. Er ist ein Fälscher, ein Totenwäscher, ein Leichenfledderer des Schlachtfelds, ein gewissenhafter Falschmünzer. »Mich brauchen Sie nicht anzusehen«, sagt er weiter, »ich bin gar nichts; oder besser gesagt: ich bin der Postbote. Wie Sie sehen, lagert hier Post von unterschiedlicher Größenordnung. Wenn Sie näher herankämen, würde Ihnen auffallen, daß auf keinem dieser Umschläge eine Adresse steht. In Wahrheit sind diese Briefe und Karten für diejenigen bestimmt, die an diesen Ort gelangen. Der Absender ist nicht angegeben – aus naheliegenden Gründen der Diskretion –, aber die Durchgangsstation ist äußerst ehrenwert. In der Tat wurden mir alle diese Briefchen von der Eiche zugestellt. Wie Sie erkennen können, hat die Eiche keine Blätter, sondern winzige Briefchen, die sich im Winde wiegen und reifen und sich mit Schrift bedecken, bis sie sich loslösen und herunterfallen; dann sammle ich sie ein und ordne sie in Häufchen. Meine Arbeit erfordert in der Tat einen ausgeprägten Ordnungssinn, ein tiefes seelisches Gleichgewicht und das Bewußtsein, mit einer weit mehr als ehrenvollen Aufgabe betraut zu sein. Oh nein«, sagt er mit einer wegwerfenden Gebärde, wie um die Verneinung zu bekräftigen, »ich bin kein Kommentator, ich biete keine Erklärungen, ich maße mir kein größeres Wissen an als die anderen es haben, besonders diejenigen, die an diesen Ort reisen. Ich beschränke mich darauf, die zur Reife gelangten Briefchen einzusammeln – gewöhnlich einmal täglich des Morgens –, um sie zu ordnen und dann zu warten, daß jemand kommt – wie Sie heute –, der eine große Verehrung für die Eiche und ihre Billets doux hegt, denn natürlich ist in diesen Briefchen von Liebe die Rede, aber diese Auskunft ist im Grunde selbstverständlich und gänzlich überflüssig. Wenn Sie die Regeln dieses

Spiels, das Ihnen sehr zum Vorteil gereichen könnte, noch nicht kennen, dann erlauben Sie mir, sie Ihnen kurz zu erklären. Alle Liebesbriefchen, die Sie haben möchten, sind Ihre; buchstäblich Ihre, nämlich ausdrücklich und nur für Sie geschrieben. Sie können auch alle – ich sagte *alle* – Briefchen nehmen, und Sie können auch, wenn Sie wollen, abwarten, bis die nächsten beschriebenen Blätter fallen. Und noch etwas: Sie können einige Briefchen auswählen und sie öffnen und dann so aneinanderlegen, daß die Lektüre lückenlos von Briefchen zu Briefchen fortschreitet; und Sie können so lange Blätter anfügen und wegnehmen, bis es ihnen gelungen ist, genau die Antwort zu erhalten, die Sie dazu bewogen hat, Ihre Reise anzutreten. Verstehen Sie?« Er lächelt. »Es kommt aber noch besser, und das, was ich Ihnen mit der Erlaubnis unserer Frau Eiche jetzt verrate, ist nicht für jedermanns Ohren bestimmt: im nicht seltenen, freilich nicht ungünstigen Fall, daß Sie ein unbeschriebenes Briefchen auflesen, können Sie hineinschreiben, was Sie wollen, und dieses Billet doux wird dann absolut ebenso gültig sein, wie wenn es jener Absender geschrieben hätte, den Sie im Sinn haben. Sehen Sie: ich kann Ihnen auch selbst ein leeres Blatt aushändigen, das Sie unter diejenigen mischen, die Sie zu wählen gedenken, und auf das Sie dann genau die Worte schreiben, die den Sinn ergeben, der Ihnen am Herzen liegt.« Und er lächelt erneut, der Postbote, und schiebt mir die Briefe, die Billets doux, die Botschaften hin. Er lächelt lüstern und wartet, daß ich die Hand ausstrecke. Wahrscheinlich amüsiert sich auch die Eiche.

Von jenem Gesellschaftsspiel mit den Billets doux – ich bestehe darauf, dieses lächerliche, der Tränen nicht unkundige Wort zu wiederholen – wußte ich bereits. Doch jetzt beunruhigt mich dies; ist hier kalter, erbitterter Hohn im Spiel, den Dir die Finsternis Deiner Liebe diktiert hat, oder hat sich gar die Liebe selbst, im Verein mit jenen Banden, die Lebende und Tote verbinden, eingeschaltet, um die unschlüssigsten, unbeständigsten und zerbrechlichsten aller Herzen durch ihre Irreführungen zu quälen? Sind wir beide, Du und ich, im gleichen Betrug vereint, oder möchte jeder den anderen auf Schritt und Tritt belügen und betrügen, um ihm zugleich nahe und unsichtbar zu sein? Eines weiß ich jedenfalls genau: daß Du mir nicht anders schreiben könntest als in zweideutigen und undurchsichtigen Worten, und daß Deine Zweideutigkeit unweigerlich im Dunkeln ließe, ob eine Botschaft – eine Weigerung, eine Zustimmung oder beides – wirklich für mich bestimmt ist und nicht für irgendeinen beliebigen Empfänger, oder ob sie gar nur eine gekünstelte Grundsatzerklärung ist. Deine Zweideutigkeit mißfällt mir nicht, und auch nicht Deine Verschleierung der Regeln, derart, daß ich niemals weiß, ob Du lügst oder Dich im Empfänger, in der Botschaft, der Zeit, der Wortwahl geirrt hast, oder ob ich nicht meinerseits im Irrtum bin, wenn ich – enttäuscht und getäuscht – eine Zustimmung, eine zarte Zurückweisung, ein sanftes Bedauern oder ein scharfsinniges und schlaues Ausweichen suche.

Ich kann mir selbst Dein Briefchen, Deine Botschaft schreiben; wir sind also in ein so seltsames Gewirr verstrickt, daß unsere Hände sich, obwohl getrennt, nicht unterscheiden und Dein Betrug an mir ein und dasselbe ist wie mein Betrug an Dir. Gewiß, ich kann es nicht leugnen: diese Botschaften locken mich; aber ich weiß, alter Mann, ich weiß, schamlose Eiche, worauf ihr wartet: ich soll mich ausliefern – ich, der ich gekämpft habe und heldenhaft als Feigling gestorben bin, soll mich der Liebe ausliefern als einem offenkundigen gegenseitigen Betrug. Glaubt nur nicht, daß ich euch nicht verstehe; ich habe seit langem gelernt, die Süße der Täuschungen, die Klarheit der Rätsel, die absichtlichen Irrtümer, das zufällig aufgeschlagene Buch, den Spott und die unvermittelt übereinstimmenden Worte nicht zu verachten. Ich weiß auch, daß es keinen Text gibt, der seine eigenen Zweideutigkeiten bewältigen kann, und keine Worte, die sich selbst erklären können. Wenn Du mich liebst – und ich weiß nicht, ob die Liebe auch den Träumenden gewährt wird –, dann liebst Du mich, wie man nach vielen Lieben noch lieben kann, so daß die Geheimnisse, die Ungenauigkeiten, die verwechselten Namen – heillose Beharrlichkeit – alle Deine Versuche, einem beliebigen natürlichen oder angestrengt unnatürlichen, nur noch für allegorische Gespräche zugänglichen Empfänger Botschaften zu schicken, vage, wirr und unwirksam werden lassen. Du könntest Dich an Unternehmenslisten, Wahlsprüche und gewisse undeutliche aber nicht unlautere Anzeichen halten, könntest Symptome, Zeichen einer sinnvollen Krankheit, ein berechnetes Syndrom, einen Klumpen mühsamer und widerborstiger Träume vorschlagen. Ich könnte, wirst Du mir sagen, alter Mann, ja auch ein unbeschriebenes Briefchen annehmen und nichts hineinschreiben; aber wäre dieses makellose Weiß nicht bereits eine Anspielung auf das Schweigen und auf ein unerträgliches Gelärme, eine Identitätserklärung, oder auf die Unmöglichkeit, Entfernungen einzuschätzen und gleichzeitig die Verzweiflung, die Zersplitterung, das Bevorstehende oder die Anspielungen auf das Nichts zu sondieren, ein mehr stummes Flüstern, wie etwa »Ich bin zwar hier, aber wir haben uns nichs zu sagen« oder »Ich und Du, wir sind seit jeher miteinander unbekannt.« Ein solches Briefchen zu pflücken ist die einzige irreparable Geste, beinahe ein Verführungsversuch (die Verführung einer Allegorie), ein Almosen, um das ein Waisenkind bittet – und ich weiß wohl, wieviel Ironie eine Bitte, jede Bitte verdient, die von jemandem kommt, der sich in seiner Eigenschaft als Waisenkind der Aufmerksamkeit der Nacht empfiehlt. Ich sehe euch, uralter Mann, vor der Auflösung stehendes Kupplergespenst, schmutzige und leutselige alte Eiche; glaubt ihr etwa, ich lehne euch ab, weil ihr Betrüger, Fälscher und Schurken seid? Nein, es ist euer Großmut, den ich nicht dulde; wären Deine Äste Schlangen und bötest Du mir Kelche mit langsamem Gift zum Trank, dann wären wir Freunde. Meine Lieben: dies ist ein Karussell, und diese Briefchen sind Kreuzworträtsel und Schreibspiele, mit denen man sich an windigen Tagen die Zeit vertreibt – Anspielungen auf Begebenheiten, die in früheren Leben stattgefunden haben und die man gänzlich vergessen hat. Wenn es Alphabete gibt auf diesen Blättern, dann sind es Konfetti, Faschingsschlangen und Narrenkostüme. Ein Karneval, mein Hurenbaum, mein Bordellwächter! Nacht und Gepolter und Liebe. Meine Verbitterung ist erfinderisch, meine Verzweiflung scharfsinnig und fruchtbar, und meine öde Unwissenheit kennt die Künstelei und die preziösen Paradoxa. Mein Hurenbaum, mein alter Mann, ihr düsteres Zwiegespann: die Qualen um eines guten Endes willen retten mich vor euren verstümmelten und gefälschten Botschaften, euren unbedeutenden Bedeutungen. Auf wieviel Freude muß ich verzichten, wenn ich darauf verzichte, dieses Spiel zu spielen, das – darüber sind wir uns wohl alle einig – mit der Liebe zu tun hat, mit der Liebe, ja.

Ein letztes, äußerstes Spiel: statt dieses ganzen Fröhlichkeitsplunders eine einzige, unmißverständliche Botschaft: »Ich hasse Dich«. Kraft solchen Hasses würdest Du ein Band zwischen uns anerkennen, und Dich an mich wendend würdest Du nicht nur mich als existierend annehmen, sondern Dich selbst als von mir Existierendem her existierend. Ich würde Dich nicht um Verabredungen bitten. Mir graut davor, Dir als einem bekannten Gesicht zu begegnen; ich will Dein hartnäckiges, vom Existieren unbeeinflußtes Versteckspiel; vor einem zähneblitzenden Lächeln würde ich fliehen. Du hast Deine Worte schon ausgesprochen, in einem einzigen Atemzug. Während ich meinen dornigen und unverzichtbaren Weg fortsetze, vernehme ich das trügerische und getreue Echo einer Stimme, die ich nicht wiederzuerkennen wage – unzählige Stimmen, Liebe. Freche Komödianten! Der Augenblick des Abschieds ist gekommen! Ich werde mich ohne Zorn an ein Schauspiel erinnern, in dem alle erdenklichen Wendungen, alle erdenklichen Morde und alle erdenklichen Geheimnisse, die in einem ungenauen, durch viele Hände abgenutzten Textbuch aufgezeichnet waren, sich unordentlich übereinanderschoben; es handelte, wie ich annehme, von Liebe. Es gab da also viel Ironie, vertauschte Rollen, unwahrscheinliche Wiederfindungen, komische Schwachsinnserklärungen, tolpatschige Unsterblichkeitsbemühungen, scharfsinnige Namensverluste, Begegnungen im Dunkeln und uneigentliche Zwiegespräche zwischen zwei verliebten aber nicht ineinander verliebten Leuten; ich müßte lügen, wollte ich behaupten, daß ich in dieser Farce die Stimme, den Gang, den Schlaf und die spezifische Abwesenheit des Gegenstandes meiner Liebe nicht gesucht hätte.

Die Nacht, oder besser gesagt, die Finsternis befähigt, verleitet, ja zwingt uns dazu, zu deuten und zu unterscheiden. Das Beben von Wassertropfen, von Rauhreif, Tau und kommendem oder vergangenem Regen spendet mir einen Schatten, der sich mit meinen scharfen Augen eines Nachtsichtigen deckt. Zwischen den brechenden Ästen, eingehüllt von einem Nebel, der sich nicht scheut, Gesichter des Lebens vorzutäuschen, kann man Zeitung lesen, Partituren entziffern, Bücher mit Randnotizen versehen, Tagebuch schreiben, antike Statuen erklären und unsichtbare tote Städte schildern. Der nächtliche Wald ist ein Freund der Berechnungen, der extravaganten und exakten Intuitionen, der Gewissenskonflikte, der herzzerreißenden und zerstreuten Erscheinungen, der plötzlichen, trügerischen Ähnlichkeiten mit verschollenen Profilen. Sehr hilfreich ist die unablässige Bemühung, Tau von Tränen, Seufzer vom Wind zu unterscheiden. Allenthalben stellen geisteskranke zitternde Insekten schmerzliche und müßige Fragen.

Daß mein Weg einen dunklen Wald enthalten würde, war völlig selbstverständlich, doch hatte ich mit der kurzsichtigen Schamhaftigkeit meines Uhrmacherblickes seinen spektakulären, regiehaften und gewollt bühnenhaften Charakter nicht vorausgesehen; ich hatte ihn mir bedeutender vorgestellt; seine freundliche Umgänglichkeit hat mir indes sehr wohlgetan. Traditionell, voraussehbar: die orakelhafte Eiche; nicht so ihre halb schlaue, halb dreiste Hurenhaftigkeit und der runzlig kindische Betrug des Kupplers. Über das Spiel mit den Billets doux möchte ich nur sagen, daß seine Schamlosigkeit mir nicht wenig genützt hat. Jetzt, da ich Wald, Eiche und Kuppler hinter mir gelassen habe, befinde ich mich natürlich am Rande der Wüste. Das Wort »Wüste« hat etwas Einschüchterndes, fast als bezeichnete es das Double des Nichts; dies hier ist aber in erster Linie ein Magazin, das die Requisiten des Nichts enthält. Dieser Wüste fühle ich mich wesensverwandt – ihren Launen, Mißstimmungen und Dysphorien, ihrer trotzig schweigsamen, verdrossenen Unzufriedenheit, und dem Fehlen von ablenkenden Bildern, betörenden Stimmen, beunruhigenden Schatten – von Dingen also, die mich, der ich mich Dir nun als ständigen Deuteragonisten empfehlen kann, aus meiner Meditation über Dich herausreißen könnten, Liebe.

Was mir bis jetzt an dieser Wüste aufgefallen ist, enthebt mich der Pflicht, länger beim Lokalkolorit zu verweilen. Der Leser – an mittelmäßige und überfüllte Herbergen gewöhnt – möge sich mit einem Hinweis auf den miserablen Charakter der Wüste begnügen; es gibt jedoch anderes. Bevor ich fortfahre, möchte ich ein paar wesentliche Richtlinien für den Gebrauch der Wüste geben: Da sie kein Unten und kein Oben, keine Seiten und keinen Horizont, kein Drüber und kein Drunter hat, kann man sie nicht beschreiben. Aus diesem Umstand erwachsen ihr aber Eigenschaften, die anderswo nicht nachahmbar sind; in der Tat ist die Wüste der Ort der möglichen Unendlichkeiten; darum kann ich hier – meiner alten Berufung zum Komödianten gemäß – mit Haut und Haaren jenes Selbst zur Schau stellen, das ich auf meinem bisherigen Weg nur bruchstückhaft vorgeführt habe, im Tausch meiner Fingernägel gegen Brot. Doch muß noch eine andere Eigenschaft der Wüste erwähnt werden: an diesem Ort gibt es weder Schutz noch Versteck, weder Geheimnis noch Verschweigen. In jedweder Gestalt, die ich für mich wähle, bin ich gänzlich und unwiederbringlich sichtbar und hörbar. Daraus schließe ich: da es zwischen der Wüste und jenem Unbekannten, das nicht Wüste ist, weder Unterbrechung noch Verstecke gibt, werde ich tatsächlich gesehen und gehört, auch wenn ich selbst weder sehen noch hören kann. Kurzum, ich befinde mich im Herzen eines großen Theaters, oder vielmehr: ich selbst bin das Theater; da dieses Theater aber nichts anderes ist als die Wüste, dringen weder Applaus noch Hohngelächter an mein Ohr. All das ist einfallsreich und qualvoll, zumal ich stets – auch wenn ich leidenschaftlich und unwiderruflich geliebt würde – ahnungslos und unerreichbar bliebe. Sieh mich an: ich weise Dich nicht ab und entziehe mich Dir nicht; ich verzichte darauf, mich als Empfänger Deiner Botschaften zu betrachten, welche auch immer es seien. Ich kann mir einreden, daß Dein Schlaf durch den unwiderstehlichen Drang zerrissen wurde, mich zu erreichen; und daß meine Wüste in Deinen Traum eingeschlossen ist. Ich phantasiere Dich als aufmerksame, bewundernde, entzückte, unsichtbare Zuschauerin. Ob Du mich endgültig als Dir gehörig betrachtest oder ebenso endgültig wegschiebst, ist unwichtig; zu gleichen Teilen genieße ich Heiterkeit und Verzweiflung.

Ich bitte Dich, beobachte mich: meine Rede ist feierlich und eindringlich, ich schreite mit langen gemessenen Schritten einher, bin König, Armee, Lanzengefunkel und Waffengeklirr; das, was ich bändigen und fangen möchte, ist mir unbekannt und notwendig; ich spiele den Angriff auf Dich und trage mutigen Schmerz und verwegenes Ungestüm zur Schau; ich bin bereit, mich in die Rosse, den Wagen meines Triumphs zu verwandeln; aber ich weiß, daß ein Dolch mich durchbohren wird, und daß ich sterbend Worte skandieren werde, die nur Du, womöglich hohnlachend, richtig deuten wirst; schließlich werde ich, enthauptet, ein

Fraß der Schakale sein. Ich hoffe, daß Du mich wenigstens als mein eigener Schakal zu würdigen weißt. Danke! Jetzt errichte ich mich zu einem schwankenden Gebäude, einem Schwindeln, das sich mit Nacht umgibt und wächst und zusammenwächst; ich stelle das Haus Deiner Träume dar; ich möchte, daß Du aufschreckst und zitternd Deine Bestimmung erkennst, Dich in den Schlaf zu versenken und mich durch ihn hindurch zu erreichen. Doch auch zu den Ängsten der nächtlichen Flucht möchte ich Dich zurückführen und zum Gewimmel jener sanften Ungeheuer, die Du jetzt in mir siehst und die Dich überall beschützen. Leise brennend werde ich, Dein unergründliches Haus, zu Staub, gebe vor, ich sei Dein Schrei. Danke. Jetzt bin ich eine alte Stadt – mächtig, lasterhaft, finster; durchquere mich: ich bin ihre Straßen und Tore, ihre Spelunken, Schlägereien, Kloaken, Scheiterhaufen für Leichen, Tempel der falschen Götter, ihre Huren, Auftragsmörder, grübelnden Mathematiker, Mönche; und wenn Du das Grauen liebst und die abstoßenden und unzulänglichen Formen des Daseins, dann bin ich auch das. Und wenn Du wünschest, daß ich Grauen auf Grauen häufe, übergebe ich als zorniger und törichter Mob mich selbst – die Stadt – den Flammen und zerfalle zu Ruinen, die nach Hundeurin und Räuberkot riechen und es lieben, sich gleichzeitig mit Efeu und schlüpfrigen Eidechsen zu schminken. Falls Du mich als schweigsam schleichenden Morast begehrst, werde ich zu Schlamm, und im Schlamm zur riesigen und mächtigen Echse, die dunkel von meinem nahen Tod weiß, und vom Tod aller, die meine Gestalt und meine Wünsche haben; bemerke an mir die Kraft, das Grauen, die Trauer. Ich habe keine Klüfte, um mich zu verstecken – ich, die Schießscheibe, auf der das Ende seine Zielsicherheit übt. Liebe mich als einen Auftragsmörder;

als einen solchen liebe ich mich auch. Grausam töte ich ein Ichselbst; verfolgt – Du verstehst mich – und eingeholt, beginne ich feige zu flehen; die Klingen durchbohren meine erbarmungswürdigen Hände, zerschneiden mein Gesicht. Wie oft bin ich gestorben?

Ich bitte Dich, beobachte mich genau: ich bin die Wüste, bin also der Ort, an dem ich bin, und halte mich dort als abwesend auf, und die Wüste – endlich sie selbst – ist beruhigt. Als ehrgeiziger Komödiant stehe ich jetzt vor der Versuchung des Nichts. Es ist nicht leicht, meine kokette Zuschauerin, das tolpatschige Schlagen des Herzens anzuhalten. Achte bitte auf die ergebene und gefährliche Finesse meines Nichtseins – jenes Nichts', das Deine Nächte seit jeher entnervt. Du hast keinen Schutz, auch wenn es Dir nichts antun kann. Vermutlich wirst Du behaupten, daß das Nichts – dieses mein Nicht-Sein – Dich gar nichts angeht, oder auch, daß es sich um eine Bekundung von schlechtestem Geschmack handelt; ein Bravourstück. Du unterhältst Dich aufgebracht mit Deinen Mitzuschauern. Oder aber Du stellst – ebenso allein wie ich – Dein Nichts meinem Nichts entgegen und machst Dich damit sichtlich unsichtbar und endlich mir ähnlich – inexistent und gegenwärtig beide, wie Du ja weißt und wie ich seit jeher wußte.

Irgend etwas – eine lautlose Stimme – ruft mich. Ich erkenne – und es erstaunt mich nicht – den Ruf, der das Gespenst beschwört; ich werde aus der Wüste herausgerissen und woandershin gerufen. Ich verliere alle meine zahllosen und unnützen Textbücher, meine scharfsinnigen Zeilen und die tragischen Tode, die ich angewendet hätte, nur um Dich in eine freudige Erwartung zu verwickeln. Meine spärliche Materie hat nicht standgehalten; theaterspielend bin ich zu Stimme und Gesten geworden, weiter nichts; schließlich fand ich mich in die abgenutzte Unsterblichkeit eines Gespensts gehüllt. Ich mache mich auf den Weg, denn ein gerufenes Gespenst darf nicht zögern; ich möchte sogar sagen, daß ich als Gespenst dieser Art einen Freudenschauer verspüre, die Hoffnung auf ein Abenteuer, auf die Entdeckung eines Orts, zu dem ich sonst keinen Zugang hätte. Ich spüre, wie die Wüste unter meinem Schritt erbebt und sich mit kurzlebigen Moosen und Flechten, einer gemeinen Vegetation beschmutzt; der Ruf ertönt nun eindringlicher, ist schon beinah ein Schrei; ich stürze in einen eisigen und finsteren Schlund; als ich wieder herauskomme, schweigt die Stimme und ich bin im Dorf. Das Wort paßt nicht, denn es gibt hier keine Häuser, sondern nur Mauerreste; unwegsame Straßen; vielleicht eine Kirche, die seit Jahrhunderten unablässig einstürzt. Stinkende Lumpen torkeln träge durch die Luft. Das Dorf ist verlassen, aber nicht unbewohnt. Ich, das Gespenst, bin von einem Gespenst gerufen worden; andere Gespenster hocken zwischen den Ruinen, den ironischen Antiquitäten des Dorfs. Ich kann also annehmen, daß dieses Dorf unendlich besiedelt ist – ein Gespenst kann auch ganz oder teilweise in einem anderen Gespenst wohnen – und trotzdem für mich und sich selbst gänzlich unsichtbar bleibt. Ein Gespenst kann ein anderes Gespenst beschwören, es aber nicht sehen, ihm Fragen stellen, aber nicht sicher sein, daß die Antwort von demselben Gespenst kommt, das es beschworen hat, und nicht von einem der zahllosen anderen, die es spürt aber nicht sieht. Ich vermute, daß meine Art und Weise, mittels Beschwörung ins Dorf zu gelangen, zur Kategorie der Fluchten gehört; diese Flucht ist mir nun aber geschenkt worden, und ich kann nicht umhin, mich zu fragen, wer mich wohl auf diese Weise ich weiß nicht ob gerettet oder irregeleitet hat, und ob derjenige vor Dir weiß, oder ob es etwas ganz anderes ist.

Ich frage mich, ob Du mit Deinem wissenden und forschenden Blick mein transparentes Selbst auf diesem bizarren Weg verfolgt hast; und ob ich nun an einem weiteren Ort der Befragungen angelangt bin. Auf meine Weise genieße ich diese beharrliche Annäherung an das Dasein, mein Durcheinander von Aufgaben, Schuldigkeiten und Schicksalen.

Ich höre Stimmen; jemand sucht mich, andere Stimmen suchen andere, jemand ruft, ein anderer mahnt, droht, verspricht, wirbt. Ich kenne dieses Dorf, das seit jeher in seinen eigenen Verfall, eine Art ununterbrochenes Sterben, versunken ist. Wenn ich auch nichts sehe und nicht gesehen werden kann, so erinnere ich mich doch lauschend: die Gespenster kommen von verschiedenen Jahrhunderten, Jahrtausenden, Planeten; ihre Gestaltlosigkeit erspart ihnen das Grauen voreinander, aber ihre Stimmen können die ungelöste archaische Angst nicht löschen. Hier wohnen die verliebten Gespenster, denen es nie vergönnt war und die auch nie erwartet haben, ihre wie immer geartete Liebe zu berühren. Jemand hat von mir gesprochen, von meinen Verfolgungen, meiner Flucht; vielleicht ein gutartiges Ungeheuer – mit ehrlichen Absichten – aus Deinem Haus; vielleicht ein geschwätziges Blatt aus dem Wald; oder ein hierher verschlagenes Briefchen des Zuhälters; oder jemand hat ganz einfach eine zerstreute, ärgerliche Anspielung von Dir aufgefangen und an andere weitergegeben – endlos. Vermutlich glauben die Gespenster, sie könnten etwas von mir erfahren: ob ich während meiner Reise irgendwelche Anzeichen bemerkt habe – geritzte Baumstämme, markierte Meilensteine, Ruinen, die auf andere Ruinen verweisen, beflissene Katzen, kundige Ungeheuer, Schluchten, Klüfte, unterirdische Gänge oder unvermutete winzige Türen in einer glatten Felswand.

Ich spüre die Wut und den sanften Starrsinn, die diesen ärmlichen Ort bevölkern; ich weiß von der geduldigen Ausdauer der Gespenster; von ihrem zermürbenden Rechnen in Jahrhunderten oder Jahrtausenden, wie es gerade kommt; von ihrer Verachtung für jedwedes »Hier« – ewig Verbannte, trostlos und beharrlich; ich weiß von der Hartnäckigkeit ihres Liebens, auch wenn ihre ausgezehrte Natur ihnen jede Berührung verwehrt. Ich weiß auch von ihren abstrakten Spielen: wie sie sich bei den Stimmen fassen und Hochzeiten mimen, und da sie ohne Ausdehnung sind, mimt auch irgendjemand einen Sohn. Ich weiß, was für ein entfesseltes und verrücktes Spiel zwischen diesen zerbrechlichen Mauern stattfindet. Während die Fragen, auf die ich nicht antworte, sich immer mehr häufen, drängt sich mir der Gedanke auf, daß dies ein ehrlicher Ort sei; und ich frage mich, wie es wohl wäre, wenn ich endgültig akzeptierte, ein Gespenst zu sein; wenn ich auf die denkende Illusion meines Körpers verzichtete; wenn ich Wegstrecken, Tage, Ziele vergäße, und daß es in meinem Dasein etwas gibt, wonach ich suchen möchte; wenn ich Gespenst zu sein wählte, so wie man einen bescheidenen und unauffälligen Beruf wählt, welcher die Aufmerksamkeit der Mächtigen nicht weckt, sondern höchstens ihre zerstreute Nachsicht; wenn ich mir – Ironie der Bezeichnung – an diesem Ort der vorgetäuschten pastoralen Berufung eine Familie zulegte und mich daran gewöhnte, von nichts anderem zu leben als von Stimmen, ohne Erinnerungen, ohne Jahreszeiten und ohne Liebe, lediglich von einer Angst, die sich in Langeweile verwandelt hat, einer Verzweiflung, die zur Schläfrigkeit geworden ist – ein Hinsinken, anmutsvoll angenommen wie ein Geschenk von einer lieben Person, eine Fahnenflucht, die mich zugleich von jeglichem Weg befreit. Wechselseitig unsichtbar, verbunden durch die gemeinsame Unwissenheit, alle restlos besiegt in der einzigen Schlacht, die zu schlagen sich lohnt, unfähig, Chronik vom Mythos zu unterscheiden, gleichgültig gegenüber der Frage, ob sie je gelebt haben und mit welchem Sinn. Daß alles falsch ist, aber zugleich ehrlich und hoffnungslos.

Das Zischeln ihrer Bettlerstimmen verfolgt mich; sie wissen nicht, daß sie mich verfolgen – ihre Frage ist meine Frage. »Was soll ich schon wissen?«, murmle ich ohne Gereiztheit, so als wäre ihr Spiel erfolgreich und ich darüber froh. Ich frage mich, ob sie mich bei sich haben wollen; sie reden jetzt nicht mehr und fragen nicht, und ich bin nichts weiter als eine Stimme unter möglichen Stimmen, eine Stille zwischen Stillen. Mit leichtem Lachen frage ich mich, ob dieses Dorf wohl einen Friedhof hat, und stelle mir die gleichförmig bescheidenen Gräber mit dem Kehrreim der gleichen Nachnamen vor; vielleicht durchquert mich, das Gespenst, gerade ein anderes Gespenst, und hält sich ein wenig auf, als hätte es etwas gespürt, und ich spüre, wie sich Hoffnungen und Unordnungen, die mir nicht gehören, in mir vermischen. »Bist Du hier?«, fragt jemand leise. Und mein Gespensterherz beginnt – soweit es das kann – zu klopfen, denn was war das wohl für eine Stimme, die da zu mir sprach? Eine Falsettstimme oder eine dermaßen verstellte, daß man sie unmöglich wiedererkennen könnte? Und warum? Weil mein privilegierter Zustand mich nicht von Dir befreien soll, weil ich wissen soll, daß es für ein Gespenst kein Ausruhen gibt, und weil ich in jedem Fall annehmen soll, daß alles – auch der Schlaf, die Durchsichtigkeit, die

Inexistenz, der Tod und das Nichts – nur dies eine ist: mein vorgezeichneter Weg. Ich schweige und merke, daß die Stimme, jene Stimme, weitergezogen ist. Kann ein Gespenst das Brot brechen, ein Licht auslöschen? Kann es über Akzidentien und Universalien reden? Kann es sich – nicht Engel, nicht Dämon, nicht Mensch, nicht ungeboren und nicht gestorben: unmögliche Miniatur des Seins – der sinnvollen Tyrannei der Leidenschaft entziehen? Mich in einem öden Steinsplitter verstecken, mich unendlich in mich selbst verkriechen, mich beharrlich und mit raffinierter Findigkeit immer weiter halbieren, um schließlich Nichts zu werden – vernichtetes Entliebtsein.

Der Himmel bezieht sich mit Dunkelheit, das Dorf löscht sich aus. Mein Ruheort vergeht, nicht einmal die Stimmen überleben bei so viel Nacht; dieser Ort – ich erkenne ihn – ist die Hölle.

Wenn Du Deine Ausweich- und Abschiedsmanöver einmal beiseite ließest und im Sinn hättest, mir eine Frage zu stellen – Herausforderung und Abwehr zugleich –, dann würdest Du mich dieses fragen: war ich wirklich bereit, das Los eines Gespensts – dieses zufälligen Nichts – für mich zu wählen? War ich wirklich in Versuchung, Deinem wilden Prunk die zerfaserte Anmut dieses Beinah-Nichts, diese mißgebildete Ewigkeit entgegenzusetzen? Freilich, ich hatte gehofft, Dir in der Rolle eines von der Auflösung bedrohten Verliebten zu erscheinen, so daß Du Dich – mich verloren wähnend – gezwungen sähest, einzugreifen und »die

Lage zu klären« – ein unsinniges Ansinnen an eine nächtliche Erscheinung. Wie hätte ich andererseits verleugnen können, daß ich als Gespenst definiert und als solches gerufen worden war, und daß ich einen unerwarteten Weg eingeschlagen hatte und an einen Ort gelangt war, der zwar vertraut, aber in jenem Augenblick noch völlig unvorhersehbar war? Ich kann auch nicht glauben, daß nicht ab und an einer Deiner Schergen – ein Tier aus Deinen Träumen oder ein zufällig und zerstreut von Deiner Hand gezeichneter Dämon – Dir eine Neuigkeit von mir berichtet und sei es nur zur Vervollständigung Deines Archivs. In einem Augenblick der Eitelkeit stelle ich mir vor, Du fändest irgendwie Gefallen an diesem Luft- und Stimmenspiel – kurzum: an diesem lächerlichen Spiel gegenseitigen ich würde nicht einmal sagen Wahns, sondern schieren Aberglaubens. Und mein hoffnungsloses Hals-über-Kopf-Verliebtsein in das Nichts, Deine scheue reduplizierte Rivalin, hat es Dir gefallen? Ich schmeichle mir, daß Dich meine Darbietung unterhalten hat. Es ist freilich nicht ausgeschlossen, daß Du Deinen Blick während meines heldenhaften Schmierenspiels in eine andere Richtung gelenkt oder daß Du Dich in eine Deiner Traumzellen verkrochen hast, wohin keine Bitten, Ständchen und andere werbewirksame Leidenskundgebungen vordringen.

Liebe – meinem ganz und gar nächtlichen Weg zurückgegeben, rezitiere ich ein altes, auswendiggelerntes Gedicht: den Katalog Deiner Träume in der metamorphotischen Wohnung, meiner halluzinierten Aufenthalte daselbst, nebst allen Fluchten und Fallen. Hat mein Brief die Schranken Deiner Träume wohl durchbrochen? Hätte ich im Augenblick der Trennung nicht auch einen unerhörten Schrei – einen Hilferuf, ein »Laß uns fliehen!« – ausstoßen können, das Dich veranlaßt hätte, vor die Tür zu treten – oh nein, nicht um mir zu folgen, sondern um mir als einen äußersten Abschiedsgruß den unglaublichen Glanz Deiner Ironie und Leidenschaft nachzuschleudern? Ich frage dies feige und hinterhältig, denn ich weiß sehr wohl, daß es kein Mittel gibt, um von Dir ein Versprechen, ein »Du«, ein endgültiges Ausgelachtwerden, ein »Ich hasse Dich« zu erlangen. In Gedanken prüfe ich Deine fiktiven, theatralischen, lügenhaften und aufrichtigen Briefchen, und frage mich müßig, ob mir Deine Botschaften womöglich lächerliche Zitate von Verweigerung und Besitz anbieten, oder fleißig buchstabierte Prinzipien im Hinblick auf die Liebe, lehrhafte Sätze im Hinblick auf zu Erduldendes, wie etwa ein Grauen, das man nicht überlebt, mit dem nicht zu leben aber auch nicht gestattet ist.

Sage mir nicht, daß wir sowieso immer im Nichts sind. Machen wir einander das Privileg der Wortspiele nicht streitig. Ich verehre jeden, Liebe, der die Nicht-Existenz wahrhaft beherrscht.

Es gibt einen ganz bestimmten Augenblick, wo alle meine Wahrheiten und Täuschungen herausgefordert werden; und wo die Lüsternheit, die Langeweile, die Gefallsucht, die Tugenden und Virtuositäten, die Opferlamm-Manie, die Verschlagenheiten und die falschen Karten, die Epiphanien und die Askesen, die Einsamkeit nicht weniger als die Tollheit, das Theaterblut nicht weniger als das Körperblut, die Bettlerseele, der Verschwendergeist, die Weisheit des Geistes und die Vorsichtigkeit des Geschmacks – wo alle diese Spiele, die in einem durchwandelbaren Gespenst zusammenkommen und sich gegenseitig verleugnen und herausfordern, mich dazu zwingen zuzugeben, daß sich – letztlich – nichts ändern kann, und daß mir nichts anderes zu tun bleibt, als Dich zu wählen, unbeschließbarer Schluß. Es ist der Augenblick, in welchem die Nacht – der häusliche Grad der Finsternis – hereinzuströmen beginnt. Ich gebrauche dieses Wort, weil die Nacht – und mag sie noch so viele Häuser hinmorden, Gesichter auslöschen und Schicksale verschleppen – einen prunkvollen Reichtum mit sich bringt, eine kriegerische und königliche Verschwendungslust, Monarch und Spion zugleich. In ihrer Profillosigkeit ähnelt sie Dir. Die Nacht begeifert Depots gestapelter, unnütz heroischer Leichen und nimmt die verachteten Spuren eines zertrümmerten Lichts mit sich fort – Broschen und aufgemeißelte Trauringe abgeschaffter Ehebünde. Liebe, Du selbst bist diese Nacht, und die Nacht ist Dein Gewand, und das, was mich blendet, Dein Glanz, ist ein Schmuck aus Elend und Luxus, Ruhm und Gekrächz, eine silberne Eule, die Dein Kleid verziert; und Du bist dieser Nacht Regiment, Atlas, Wille und Ziel, und in dieses Ziel stelle ich mich als unvorsichtige Schießscheibe und hoffe auf einen günstigen wechselseitigen Augenblick der Verzweiflung, der mir zu Ring und Reif aus Wunden wird, die ich trage nach Deinem Entwurf. Aber vielleicht bist Du auch nichts anderes als eine schäbig schlaue Bescheidenheit, ein hieroglyphischer Geistesschlaf in der hinausgezögerten Nacht, ein eheliches Hüsteln, abgehackte Worte, ein ertasteter Ausweg und das unstete Geräusch eines Körpers, der seine Glieder ordnet, sich zusammenrollt und in die Dunkelheit ausstreckt. Es ereignen sich Träume im Schlaf und, wie es heißt, Visionen – obwohl ich weiß, daß Du die Fähigkeit hast, Dich nicht träumen zu lassen. Wenn die Nacht sich ereignet, möchte ich mir einreden, daß ich an jenem Ort des »Nein« den versteckten Abdruck Deines Gesichts finden kann: einen Gipsabdruck – leer, kalt und glatt –, der aber – wenn das nicht nur ein Wahn von mir ist – entrückt und zerstreut die Erinnerung an die lebendige Wärme eines Gesichts bewahrt. Für diese eisige Wärme überlebe ich, Liebe.

Wenn die Nacht ihr Gericht vollzogen hat und sich, vom Blut gereinigt, als nackt erweist und unsichtbar, ach könnte ich Dir dann Diadem sein, Dich zu bestechen, Dich aufzuhalten, trotzige Entferntheit. Die Nacht geht nicht zu Ende, sie hält sich fern. Die Mahnungen, die Stimmen, die Weissagungen, die Auspizien, das ganze klägliche Gerede – nur ein winziges Zischeln im Laub – verraten mir schläfrig, wieviel ich, der Unbewegliche, schon gereist bin, und ich fühle mich ganz ermattet von den Verwandlungen, dem schwindelhaften Überschreiten von Pässen und dem Durchwaten modriger Furten, das ich – Du allein weißt warum – versuchte. Schließlich – und nicht ohne Erstaunen, ja sogar mit einer rührseligen Dankbarkeit – erfahre ich, daß ich gelebt habe, und entdecke auf meinen Manschetten die hastig notierte Ironie einer Biographie.

Das Gras der Heide ist hoch, duftend und hart. Auf dem buckligen und schweigsamen Gelände werde ich munteren und friedlichen Tieren begegnen, ich werde Eichhörnchen und Marder füttern, und unbekannte bunte Vögel werden mir den Weg weisen. Ich werde nicht allein sein. An diesem Ort nennt die Nacht sich »Tag«, und ich werde diese Brotkrumen mit winzigen, freundschaftlichen Geschöpfen teilen. Wir werden Tauschgeschäfte mit kleinen, auch einem Mäusehirn verständlichen Träumen machen, meine Hände werden mit den Nägeln zirpen und zu piepsen lernen.

In dieser Heide wimmelt es von Schatten: ich weiß nicht, ob ich überwacht werde, oder ob jene Knappen, die mir bei meinem Begräbnis nach meiner geplanten Niederlage die Steigbügel hielten, mir treulich anonym bis hierher gefolgt sind; ich kann ihr Antlitz nicht sehen – wenn sie überhaupt eines haben – und es könnten auch Deine Schergen sein oder friedliche Boten des Endes, Schatten, die der Ankunft der winzigen zitternden Tiere zwischen den beiden Grashalmen vorauseilen.

Weit weg auf der Heide baut sich ein Haus. Ja, genau das will ich sagen: das Haus wird nicht gebaut, sonderen es baut sich selbst. In dieser Mühe des Sichselbst-Errichtens erscheint es verwirrt, perplex, überspannt und erhitzt – mit zappeligen Ziegeln und zänkischen Balken. Mal ist es Ruine, mal kaum angefangenes Haus: es wächst und schwindet; es zerfällt; ich sehe die Mauern ringsherum laufen und sich gegenseitig behindern. Ich frage mich, ob das Haus am Beginn seiner Geschichte steht, oder ob diese Maschine ihre eigene und angemessene Form schon seit jeher so atemlos sucht. Ich wüßte auch gern, ob seine Unordnung die geheime Unordnung der Heide ist, dieses Ortes, über dessen Alter und Lage ich nichts weiß. Oder ist das Haus vielleicht jenem anderen Haus verwandt – dem mit den herausgewachsenen Zimmern, in welchem Du wohnst? Oder ist es vielleicht Dein Bestimmungsort am Ende des Schlafs, mein Bestimmungsort nach dem

Beschließen der Flucht – die Stätte der Erfüllung und des Erwachens? Vielleicht sind wir auch selbst seine unruhige Formlosigkeit. Wenn es mir – Apotheose meiner Niederlage – gelänge, diese Mauern zu fassen und ihnen den Befehl zu übermitteln, den ich nicht kenne, dann könnte ich mich endgültig auf die Lauer legen, an jenem Ort, wo Du – unantastbar in der abgeschiedenen Süße Deines Schlafs – Deinen Körper für immer vom wuchernden Schaum der Träume reinigst. Ich sage mir nochmals, daß dieses vermutlich im Bau befindliche Haus als eine Prophezeiung gedeutet werden könnte – ein Symptom, eine Verwirrung, die auf das Erwachen anspielt, eine Ratlosigkeit des Körpers, der die Aufforderung verspürt, seine Bewegungen fortan in anders geheimer oder schlauer Weise auszurichten. In deinem polychromen Dunkel übst Du vielleicht gerade die Entfernung und planst also oder probierst perplex die Form der Liebe.

Wenn die Kohärenz meiner Fluchten genügte, dann könnte ich das Fieber jener Steine löschen; und wenn dieses delirierende Haus auch noch das autistische Kind des Deinen wäre, dann würde es in jenem Augenblick seinen Frieden finden, in welchem ich gemerkt hätte, daß meine Aufgabe darin besteht, auf Dich zu warten, die starrsinnige Greisenhaftigkeit des Wartens zu entdecken, die verliebte Geduld der Runzeln; und wenn Du dann auch noch die zerlumpte Demenz Deiner letzten Träume abgestreift und Dich ergeben hast und Dich auf den Weg machst zu der fremden und eigensten Wohnung, dann wird die Ausdehnungswut des Hauses sich endgültig legen. Du wirst verwirrt auf die Schwelle treten, wirst bittere Botschaften aussenden und vage prophetische Gegenstände befragen, stotternde Orakel. Aber Dein endloser Schlaf liebt Dich nicht weniger als ich und wird Dir die höchste, unerreichbare Eleganz Deiner nächtlichen Form vorschlagen. Wirst Du es wagen, alle Deine Halluzinationen, Visionen, Alpträume, Wahrzeichen und Wappen abzulegen? Ich phantasiere Dich leicht schwankend in der Haustür, während Deine neue Liebe zu den herben und würzigen Gräsern die letzten Reste Deiner Träume vertreibt. Du spähst forschend um Dich, verschüchtert – uneingedenk der grausamen Feierlichkeit Deiner Zukunft; Dein Analphabetismus in Bezug auf Abschied und Wiedersehen rührt mich.

Ich denke daran, das Haus aufzusuchen und mit jenen wildgewordenen Ziegeln ein ruhiges, vernünftiges Wort zu reden. Doch kaum schicke ich mich an, auf das Haus, das ich so umständlich empfangen habe, zuzugehen – wobei ich die Gräser mit langsamer, behutsamer, sanfter, aber auch unbeteiligter Geste beiseiteschiebe und mich bemühe, bei den flinken winzigen Tierchen – den Insekten und Vögeln, die mir einen geheimnisvollen, andächtigen Respekt bezeigen – keine Panik aufkommen zu lassen; kaum beginne ich, im Geiste einen Lageplan zu entwerfen, der auch ein erreichbares, ja schicksalhaft zu erreichendes Haus verzeichnet, da beginnt das Haus – gemäß der Regel unserer Spiele, Experimente und schweigenden Übereinkünfte – sich langsam zu entfernen. Es rutscht nicht, es bebt nicht, es bröckelt nicht ab und stürzt nicht ein; aber meine Schritte lassen es nach und nach ferner erscheinen, und – indem es sich entfernt – unvermutet einverstanden, Licht- und Luftspiel zugleich, wächst sein verlassenes Bild in den Himmel. Was ich jetzt sehe, ergötzt, zerstreut, irritiert mich. Ich sehe deutlich, daß das Haus nichts weiter ist als eine unbewohnbare Fiktion – ein neues Spiel, in das alle diejenigen verwickelt werden, die eine unvorsichtige Liebe zu Dir hegen. Ich frage mich, ob Du selbst oder einer Deiner Träume diesen tückischen Betrug, diese schlaue Halluzination ausgeheckt hast. Die Türen sind in lächerlicher Weise aufgemalt, wie von Kinderhand, und die Fenster kennen weder Geräusche noch Wiesengeruch. Und noch etwas anderes fällt mir auf: der Betrug schließt ein finsteres Labyrinth ein; keine Zimmer und Treppen, sondern unterirdische Gänge, Grotten, Höhlen, Mauerreste, Spiegel und blinde Felsvorsprünge, die zu den geheimen Wurzeln hinabführen. Und ich entdecke oder glaube zu entdecken, was das Haus wirklich ist: ein Grab; eine unzugängliche Wohnstatt, die um das Projekt des Helden herum gewachsen ist – der unerfüllbare Zenotaph der Welt.

Zwischen mir und dem Gebäude stehend, dessen Empfänger ich in ihm vermuten kann, offenbart sich mir der Held. Eine bleiche und abweisende Figur, fängt und bannt er meinen Blick. Als ich sein gemischtes, genaues und zweideutiges Profil erkenne, verspüre ich eine ins Böse gekehrte Freude und einen finsteren und feigen Schrecken, gleichsam als wüßte ich nicht, daß ein Spiel nicht immer spielerisch ist, und daß ich eines Tages gerade ihm begegnen mußte: dem ahnungslosen Ungeheuer, das ich den Helden genannt. Er scheint meine Anwesenheit nicht nur nicht zu bemerken, sondern sich auch nicht darum zu kümmern, und selbst wenn er könnte, würde er nichts davon wissen wollen. Ich weiß nicht, ob es statthaft ist, diese Zweiheit, die den Raum besitzt, mit dem Namen einer einzigen Person zu benennen: denn es ist der Hermaphrodit. Ein Doppelwesen, unkundig des »Du«, widernatürlich komplett und in seinem zweifachen Gesicht sowohl mir wie Dir ähnlich. Er weiß nichts von Flucht,

Reiseweg und Verfolgung. Schweigsam seit jeher, vieläugig und blind, verschlungen in die Umarmung mit sich selbst, schließt sein Männermund seinen Frauenmund in sich ein. Er ist Wut und Zerfließen zugleich. Sein Körper ist glatt und kalt – ein kompaktes Marmorbild. Er hört weder Klang, noch Geräusch, noch Lufthauch. In meiner zusammengewürfelten und bruchstückhaften Erinnerung weiß ich, daß ich ihn gekannt und mit der hassenswerten Vollkommenheit dieses Bildnisses zusammengelebt habe. Ich habe Dich und die Zweiheit verfolgt – jenen Teil der Zweiheit, der Dich nachahmt und der mich nachahmt, der ich mich an Dich schmiede; seit jeher ist mir seine heilige und unkeusche Hochzeit mit sich selbst bekannt; in dem ewigen Alkoven der Nacht, der seine unversöhnlichen Begierden birgt, habe ich öfter geweilt. Er hat sich verführt, betrogen und geschändet. Er besitzt sich aus Liebe und Wollust. Er sucht Dich nicht, er ahmt Dich nach; so daß die andere Hälfte der Zweiheit – die mich nachahmt – ihr Abbild liebt. Aber dieses vollkommene, naht- und fugenlose Wesen ist durch eine unschließbare Spaltung gezeichnet. In jedem Augenblick, in dem es sich nicht verführt, stirbt es sogleich. Das verdoppelte Herz, das doppelte Blut, die Verzweigung der Genüsse, das unerbittliche Eindringen des Samens in den Schoß, der ununterscheidbare Speichelklumpen: überall vermehrt die Wollust die Bereitschaft zum Tod. Jetzt verstehe ich jenes Haus – sein Haus; die unerreichbare Vollkommenheit, das Es-selbst-und-nichts-anderes-Sein; das hermaphroditische Haus; in ihm schlafen alle Betten, essen alle Teller und sitzen alle Stühle. Das Haus ist ein Grab.

Ich weiß, daß ich immer schon Hermaphrodit werden wollte; und Du hast es auch gewollt; aber die Ferne läßt uns keine Ruhe; sie ist meine und Deine

Essenz. Ich kann weder in Deinem wandelbaren Haus wohnen noch die unwegsamen Stufen hinaufsteigen, die zu Deinen Träumen führen. Ich werde keins der nächtlichen Bilder sein, die Dich in Deinem Inneren begleiten. Wir werden beide immer draußen leben – zusammengekauert vor der geschlossenen Tür zu den Träumen des anderen. Jeder von uns ist ein unvollkommenes Modell des Hermaphroditen – was uns zugleich trennt und ineinander verstrickt. Von meinem Geschlecht bleiben mir nur Spuren, und bestimmt habe ich Dich Deines Geschlechts beraubt; wir haben uns gegenseitig verstümmelt, ohne uns je zu berühren.

Ich merke, wie Deine Träume trotzige und kriegerische Bilder ausschwitzen – einen Groll, aus geheimen Wunden gespeist. Ich begreife, was Du von mir erwartest – auch wenn Du nicht zu mir gesprochen und mir keinerlei Pakt vorgeschlagen hast. Ich stehe neben ihm, diesem riesigen reglosen Fleischberg, ohne Zorn nach dem Koitus mit sich selbst; ich beobachte die Zartheit seiner Hände, den weichen Atem; die doppelte Verliebtheit seines Schädels; die Finger, die das Gras nicht kennen. Vögel und schlaffe Eidechsen sehen mir zu, wie ich die zarte Rundung seines Halses mit der Schneide meines Fingernagels ritze; das Blut fließt, der doppelte Kopf löst sich, eisig von jeher. Ich halte die Hirnschale hoch in die Luft, damit diese bizarren Tiere – vom Gewinsel bis zum Gejaul – jenen anderen Ungeheuern, die sich in Deinem Hause tummeln, und diese dann wiederum Dir von Traum zu Traum verkünden, wie ich – mit nicht geringerer Beklemmung, als wenn ich mich von Dir löste, und nicht geringerer Liebe als meiner Liebe zu Dir – den Hermaphroditen, Liebe, den Hermaphroditen getötet. Dann wird das beschwichtigte Haus denen, die ich getötet habe – ihrem in Wasser verwandelten Körper – Obdach gewähren.

Doch Du, Liebe, die Du aus der Tiefe Deiner Träume heraus von mir gefordert hast, daß ich den Hermaphroditen töte – hast Du es zum Schutz oder zum Verderben meiner Liebe getan? Oder um die Entfernung – Vereitlung und Bedingung der Liebe – ungemindert zu bewahren? Du, die Zurückgezogene und Zimperliche, tötest also; Verlockung, Verführung, Vergewaltigung, schweigsame Gesprächspartnerin, Liebe. Unfruchtbar und gebärend; sterile Erklärung der Anfänge, denen nur Anfänge folgen; ich ernenne Dich zum Hermaphroditen des Endes, zum schlafenden Glück der letzten Umarmung; Traumkrater; Scheide, die sich ihren eigenen Tod schafft. Deinem aus Finsternis geschmiedeten Körper kann ich nichts anderes schenken, als dieses lächerliche gestickte Taschentuch – einen alternden Körper, der Dich beharrlich liebt.

Mein Grauen vor Dir ist nicht weniger groß als Dein Grauen vor mir, und ich töte mein Grauen in jedem Augenblick; ich weiß jedoch nicht, ob sich in Deiner knochigen Distanz nicht Grauen und Liebe zusammenfinden und mich ansehen, einschätzen und ablehnen.

Eine Smaragdeidechse, eine Lacerta agilis, weiche und harmlose Nattern, ein Skarabäus, eine blitzschnelle Maus, eine zarte Spinne, hauchdünner Zierrat aus Beinen, das Summen einer Wespe, ein grauer Spatz, eine streunende Kralle; ich kann nicht umhin zu bemerken, daß alle diese Tiere mir einen kalten, erlesenen, nicht selten hintergründig ironischen Respekt zollen. Ich wühle in dem ärmlichen Archiv meines Gedächtnisses. Nein, ich bin euch nie begegnet; ich lasse die gemischtförmigen Tiere des wandelbaren Hauses in

Gedanken an mir vorüberziehen und erinnere mich ihrer unsichtbaren, dienstbeflissenen Ergebenheit; dann gedenke ich der wahrhaft komödiantischen Mitarbeit der Hellebardierer, die es darauf angelegt hatten, mich – wie es mein Textbuch wollte – mit ihren Lanzen zu durchbohren. Schließlich kommt mir noch das Umgetriebensein und die nicht ganz undelikate Ruchlosigkeit der Gespenster in den Sinn – ihre interrogative Form. Sind sie, alle jene Wesen, von den winzigen Tieren der Heide sehr verschieden? Ich bemerke eine durchaus verwandte Herzlichkeit und zugleich eine vorsichtige Distanz, eine hierarchische Gelassenheit; diese Schatten, Ungeheuer, Smaragdeidechsen und Gräser – ergebene Blutsverwandte seit jeher –, könnten sie nicht – falls ich – und in gewisser Weise bin ich es wahrscheinlich – und sei es nur im Fliehen – ein Herrscher wäre –, könnten sie dann nicht – man beachte, wie sie von Fragen gänzlich Abstand nehmen – vielleicht die Haushofmeister sein?

So ist also – wie bei einem Possenspiel oder bei dem prunkvollen Begräbnis eines Gangsters – meine Würde anerkannt worden. Mein Blick gestaltet sich nun ganz selbstverständlich hoheitsvoll, zerstreut und huldvoll abweisend. Die Haushofmeister – einst Eidechsen, Mägde, uniformierte Pferde, Schatten und zitternde Heilkräuter – stehen jetzt in feierlicher Livree vor mir aufgereiht; sie tragen Koteletten und haben seltsam ähnliche, gehorsame und ausweichende Blicke, fast als nähmen sie zum Spaß an einem fingierten gemeinsamen Verbrechen teil. Ihr Erscheinen hat mit etwas zu tun, das mir unbekannt ist, mir aber nicht vorgeschlagen werden könnte, wenn man mir nicht – und sei es in absolut possenhafter Form – ein gewisses gesellschaftliches Ansehen gewährte, und zwar an einem Ort, an dem es keinerlei Spuren von Gesellschaft gibt.

Mit einer einstudiert ehrerbietigen Geste macht mich ein Haushofmeister auf etwas aufmerksam: meine Augen verfolgen ohne Erstaunen, wie sich in der Heide etwas öffnet, das ich als Portal bezeichnen würde, hinter dem eine ehrwürdige Treppe in die Finsternis hinabführt; man fordert mich also auf, in einen Königspalast einzutreten. Ein Schatten bewacht die Majestät der Treppe; freiwillig uninformiert, weiß er nichts von der Erde. Die Haushofmeister warten darauf, daß ich in die Höhlung eindringe, und es ist deutlich, daß sie genau wissen, daß ich eben das tun werde, denn dafür wurden mir diese diskreten aber anspruchsvollen Haushofmeister ja zugewiesen. Auf der ersten Stufe fragt mich ein stuhlförmiger Pförtner zerstreut, was ich denn wolle; nicht ohne Rhetorik, wie sie mir ansteht, erwidere ich, daß ich etwas zu finden trachte, dessen Existenz ich nicht kenne – etwas Unfruchtbares und Unberührbares, das schläft und träumt und seine eigenen Träume bewohnt, das tot ist und seinen eigenen Tod lebt. Der Pförtner nickt: ich merke, daß ich in der richtigen Weise geantwortet habe – der einzigen, die mich berechtigt, meinen königlichen Abstieg fortzusetzen. Durch leichtes Kopfnicken drücken die Haushofmeister ihre Befriedigung aus. Aber der Pförtner zögert noch: die Zeremonie ist noch nicht beendet. Schwierig, etwas zu finden, das tot ist und seinen eigenen Tod lebt, das träumt und von seinen eigenen Träumen behütet wird. Oh, nicht unmöglich, nicht unmöglich! Der Stuhl – die Karikatur eines Throns – rät mir, durch einen Gang eine steile glitschige Stiege hinabzusteigen. Ich gelange in einen kreisrunden Saal, in dem Figuren wohnen, die an diesem Ort auf meine Ankunft gewartet haben. Es ist nicht ausgeschlossen, daß eine Feierlichkeit bevorsteht, und daß dieser Raum nur das Vorzimmer des Bankettsaals ist. Ich kann die Figuren, die ein wächserner Nebel beleuchtet, nicht richtig erkennen, könnte sie aber deuten als aus Berechnung oder aus Unvermögen aufgegebene Versuche, menschliche Wesen zu bilden; keine hat ein vollständiges Gesicht; sie verfügen indes über Organe, die ich als Hände bezeichnen müßte. Mit Hilfe dieser unvollkommenen Fleischlichkeiten zeigt mir jemand eine Tür: ich darf also weitergehen. Ein kurzer Durchgang führt mich in einen großen Saal, dessen Hintergrund einen dunstigen leeren Thron beherbergt. Mein Herz schlägt so laut, daß ich meine eigene Stimme nur schreiend hören könnte. Ich betrachte den agonischen, abgenutzten, toten Thron. Stellt er eine Botschaft dar? Ein Herrscher ist nirgends zu sehen – oder ist der Herrscher schon so hinfällig, daß er auf alle kaiserlichen Insignien verzichtet hat? Liegt er in seinem eigenen Blut darnieder – hingestreckt von der Zerstörungswut einer unbekannten oder zufälligen Verschwörung? Oder ist gerade dieses der Herrscher: ein leerer Thron, der zu morsch ist, als daß ihn jemand noch berühren dürfte – ein prekäres Gleichgewicht aus Staub, das nur auf einen menschlichen Lufthauch wartet, um zu zerfallen? Von jenseits eines weiteren Durchgangs höre ich ein Getöse von Wasser. Ein plötzlicher Drang, wahrscheinlich ein Schrecken, befiehlt mir, in jener Richtung weiterzugehen. Ich gelange in eine eisige, von Nebelschimmern durchzogene Grotte. Feierliche nächtliche Wasser betäuben mein Ohr. Ich, der ich Deinen Namen nicht kenne, rufe Dich jetzt. Ich spreche zu der wechselhaften Dunstgestalt, gleichsam Bote und Dolmetscher eines höheren Herrschers. Sie nähert sich und entfernt sich, vermutlich von Winden bewegt, deren Anspielungen ich nicht verstehe; ich erkundige mich, ob es noch etwas anderes gibt hinter diesem Gedampfe über den Wassern. Wenn Du es bist – warum hast Du dann dieses Blut auf den Lippen und Dein Körper schimmert so verwest? Liebe! Ich erkenne Dich als Modergeruch. Ich huldige Dir, Du meine Erniedrigung, meine unwürdige und stolze Krankheit. In Dir grüße ich das Imperium der Angst, die Marter Deines zärtlichen Nebels. Nur Nebelkörper – von exakten Messern zerstückelt – liegen neben Deinem Körper. Bin ich Dir also noch nicht nebelhaft genug? Nicht aus dem zarten Stoff Deiner Alpträume gemacht? Ist mein Blut noch immer zu schlecht? Ich bemerke, daß Du kein Gesicht hast, Du löchriges Geschöpf aus lumpigen Leichentüchern, und daß es mir deshalb nicht vergönnt ist, Dein Profil zu ertasten. Ich lausche: in Dir schlägt kein Herz, Dein Fuß hallt nicht gegen den Boden, Deine Kleider rascheln nicht; seit jeher erkenne ich Dich als Betrug und verehre Dich als solchen. Ich schlage Deinen Nebelkörper und der Nebel lacht. Ich möchte durch Dich hindurchlaufen, Dich durchqueren: Ort der Liebe und der Sümpfe, Jahrhunderteschichten, Seelenklumpen, Scheiterhaufenrauch, freundliche Fäulnis von Blumen, unentzifferbares »Lebwohl«. Dir gebührt weder Huldigung noch Abkehr. Dies und nichts anderes ist wirklich Dein Thron: ein unerschöpflicher Haufen Kehricht, und Kot, Schleim, Spermasumpf; im Traumpanzer gehüteter Traum. Du lädst mich zum panoramischen Rundgang ein? Wie aufmerksam gegenüber den Gästen! Du gestattest mir doch, Dich zu betrachten? Ich sehe Dich prüfend an, nicke zustimmend und kneife die Augen ein wenig zusammen, nach Kennerart. Ich hatte es geahnt. Du existierst nicht. Aber was besagt das schon: »Du existierst nicht«? Das, was nicht existiert, ist doch immer noch ein »Du« – etwas, das ich verfolgt habe und verfolge und auch nicht ablassen werde zu verfolgen, welche List Du auch immer gebrauchst. Ich habe Briefe geschrieben, Botschaften in Ritzen gesteckt, die Komplizenschaft von Zuhältern erkauft, Duelle ausgefochten, Sonette buchstabiert, schlaflose Nächte verbracht, Meilen zurückgelegt, Füße, Armstümpfe und Knochen wundgescheuert. Weil Du, männlich-weibliche Zweiheit, nicht existierst, müßte ich Dich als stillschweigendes »Nein« interpretieren. Dieses »Nein« steht aber weder Deiner Schläue noch meiner Beharrlichkeit im Weg; mein Körper folgt Dir unbeirrt, ja er benützt Dein »Nein« als Bestätigung seiner eigenen Existenz gegenüber der Deinen. Du hast weder Atem noch Blut und Knochen. Das ist Deine Art, Dich zu verstecken. Ist das der Preis, den Du zahlen mußt, damit Du demjenigen, der Dich verfolgt, »nein« sagen kannst? Du, die Du in dem wachsenden Haus wohnst, die Du den Raum mit Indizien übersäest, die Du Spuren hinterläßt, Träume ausschickst und Orakel verformst, damit das verseuchte Orakel mit veränderter Urteilskraft spricht. Ich werde auf die kleinlichen Ränkespiele der Verliebten, auf die Verlogenheit der ewig wiederholten pathetischen Worte nicht verzichten; und auf die Blumen, die molestierenden Pilgerfahrten, die indiskreten Aufenthalte unter Deinen mutmaßlichen Balkonen, die Seufzer, die Schlaflosigkeiten, die schlechte Musik, die abscheuliche Literatur, die lächerlichen Medaillons, die Deine Kahlköpfigkeit einschließen, und die Spiele mit den gestickten Taschentüchern – oder ist dieses Nichtexistieren all dem am Ende vielleicht gar nicht angemessen? Zweifellos stellt es eine raffinierte Maquillage dar, eine passende Didaskalie im konzentrischen Zentrum dieser verkrüppelten und weisen Welt; ich würde es trotzdem wagen, dieses Nichtexistente zum Abendessen oder ins Kino einzuladen, oder zu einem Spaziergang unter wohltuend schattigen Bäumen. Kann ich das Inexistente denn nicht einfach anrufen? Ihm nicht ein Eis anbieten oder ihm einen Heiratsantrag machen? Dich nicht mit mir anstecken, mich in Körper und Geschlecht verlieren? Oder ist es eine Extravaganz, eine Torheit, »Du« zum Inexistenten zu sagen – denn es bedeutet ja, daß Du gar kein »Du« bist, und daß ich demnach nur schweigend zu Dir spreche, und eindringlich wie von Verliebtem zu Verliebtem, und wenn ich Dich suche, stehe ich still, wenn ich impotent bin, stelle ich Dir nach, wenn ich Dir entgegenlaufe, weiche ich zurück. Und wohin ich auch gehe, ob voran oder zurück, ich entrinne Dir nicht und begegne Dir nicht. Es gibt keine Verabredung zwischen uns, am Ort und zur Stunde des Todes werde ich Dich nicht finden – ungewiß, ob Du verspätet oder woanders bist oder es vergessen hast, oder ob wir uns nicht richtig verstanden haben, weil es nicht lohnte, sich zu verstehen: diese fortgesetzten Mißverständnisse, die – verzeih mir – das wehmütigste Kapitel unserer Liebe sind; oder ich werde Dich ganz einfach deshalb nicht sehen, weil Du nicht da bist und folglich – nicht ohne Unverschämtheit – zur Gleichgültigkeit neigst. Du merkst gewiß, wie sehr ich Dich – vermutlich nicht ohne Vulgarität – als Inexistente bewundere; ich flüstere leise vor mich hin und kann das Gezischel meiner Lippen, mein Wortgespeichel, selbst nicht verstehen. Mit zweideutiger Genüßlichkeit bewege ich meine Hände, um mit geheuchelter Spiritualität ein Profil nachzuzeichnen, das ich nach Kennerart bewundere; mit hochgezogenen Augenbrauen gebe ich vor, einen besonders delikaten Effekt zu erhaschen, wobei ich meine Handballen aneinander reibe, als Zeichen körperlicher, man könnte auch sagen weltlicher Kompetenz – nicht minder geheuchelt wie rhetorisch akkurat. Hegte ich Dir gegenüber einen rein pädagogischen, akademischen Respekt, dann könnte ich eine akkurate, pedantische Einführung in das Inexistente schreiben – mit Literaturverzeichnis, Anmerkungen und neuestem Stand der Forschung; man hat mir nämlich angedeutet, daß die Philologie zuweilen mit dem Inexistenten verhandeln kann. Es würde indes meiner Berufung und der spezifischen, unnennbaren Beziehung, die uns trennt und vereint, viel eher entsprechen, wenn ich mich auf einen zweideutigen Führer durch die labyrinthischen Viertel des Nichts beschränkte: Restaurants mit vergifteten Speisen, Pissoirs, Kloaken und – natürlich, meine kleine Königin – Animierkneipen, Bordelle, Hurenhäuser, Puffs. Meine touristische Hure! Strichjunge von der Hauptstraße, Strumpfband und Gebiß für alle, Friede des Samens, Waffenstillstand der Schlaflosigkeit! Die Mauern biegen sich unter der Last der obszönen Worte. Im gesamten Universum gibt es kein Folterinstrument, das präzise und peinigend genug wäre, um gegen Deine berechnende Unredlichkeit anzukommen und Deine buhlerische Landschaft in einen klaren und ruhigen Spiegel oder ein prophetisches, leicht hysterisches Haustier zu verwandeln; Du spendest die weiche Freundschaft eines Mundes, komplizenhafte Briefchen, unlautere Worte, Entzücken.

Vielleicht erwartest Du teure und geschmackvolle Geschenke? Dann nimm dieses fleischige Präsent: das Wesen, das ich – dem Befehl gehorchend, der aus Deinen Träumen zu sickern schien – liebend getötet habe. Brauchst Du einen bärtigen Propheten, einen vertrauenswürdigen Mittler, eine in nächtlichen Stunden bewanderte Kupplerin? Sieh Dich vor: ein Augenblick der Unaufmerksamkeit genügt, und Du beginnst vom Nichtsein abzulassen. Und ich werde Dein spekulärer

Liebhaber sein, Dein Ewigkeitsgenosse – ein Größenwahnsinniger, was uns freilich nicht scheidet. Die Ahnung eines Fingernagels wird mir genügen, und Du wirst Dich vor meinen törichten Artigkeiten nicht retten können; aber warum nicht zugeben, daß sie Dir – wenn Du ihnen von Deinem Anderswo her lauschst – ein wenig schmeicheln? Ich warte auf Deinen Fehler und schenke Dir, Liebe, die Nichtswürdigkeiten und Erhabenheiten der Verführung.

Mit höflicher Zerstreutheit schiebe ich die Haushofmeister beiseite, die mir bei meiner Rückkehr falsche Totenschädel und eine ganze Pakotille von Pseudototen, durchbohrten Herzen und beringten Fingergliedern anbieten. Siehst Du: es ist vulgär, dieses Insistieren auf dem Nichtexistieren, nur um der Vulgarität des Existierens zu entgehen. Es ist vulgär, nie vulgär zu sein. Es ist tragisch, nicht tragisch zu sein.

Oder beschleicht Dich vielleicht gerade diese Angst: Du könntest Dich zum Monster und Narrenstreich machen: Geburt ohne Leben, Leben ohne Tod, Tod ohne anderes Beiwerk als ein unbewegliches Leichenbegängnis – leerer Sarg, fehlende Grabesruhe, stummer Gedenkstein? Ich möchte Deine Abwesenheit als eine vorläufige Antwort betrachten; Du wehrst Dich noch, der Nebel ist noch zu rar, das Existieren eine hauchfeine Handschrift, ein krankes Glühwürmchen, ein Schatten, in dem ich Schutz suche, Liebe.

Für einige Zeit, vielleicht für immer (ich liebe die gottergebenen Worte) wird diese Heide meine Heimat sein – übervölkert und öde, dramatisch und selbstverständlich. Hier werden mir herrscherliche Gesten gewährt. Ich beobachte und wäge meine Haushofmeister; schließlich verabschiede ich sie mit einem unnötig hoheitsvollen Kopfnicken; sie verneigen sich und ziehen sich zurück. Ich entdecke sie nirgends mehr. Mit Sorge denke ich an ihr Los und Schicksal, denn ich weiß nicht, wohin sie gegangen sein könnten, diese untadeligen Vagabunden, die womöglich imstande sind, ihre abstoßenden Glieder in irgendeinem Fuchsbau oder Grab zu verstauen. Ich erforsche ihre geheimnisvolle Verbindung von Ironie und Ergebenheit, und ihre Distanz, die mir Ehrfurcht und Ekel verrät. Ich kenne sie, diese Diener der Macht, diese Helfershelfer des Todes. Wenn ich die gegenseitige Kluft von Fremdheit und Mißtrauen überwände und ihnen Fragen stellte, dann könnte ich zweifellos aus ihren Stimmen, die dem Fiepen kleiner Tiere, dem Rauschen der Gräser, dem Jaulen sanfter Untiere nicht unähnlich sind, fiebernde, wirre und komplizenhafte Hinweise heraushören – höfische Elogen über Deinen Charakter, Einflüsterungen nach Zuhälterart, meuchelmörderische Schurkereien, kirchliche Homilien. Sie würden Beispiele für Deine Großzügigkeit nennen, und nur von Deiner Schönheit würden sie nicht zu sprechen wagen, während sie die Augen schlössen und die Hände bewegten, wie vor etwas, das keine Beschreibung duldet. Für wenig Geld würde sie sich erbieten, Dir Botschaften zu überbringen; sie würden sich für meine ehrbaren Absichten verbürgen und mir die Komplizenschaft Deiner Zofe sichern. Nie würden sie mich durch ein ehrliches aber nachdenkliches »Ich weiß nicht« enttäuschen. In Wirklichkeit wissen sie nichts von Dir, nicht einmal ob Du existierst oder ob Du nur ein figürlicher Wahn von mir bist, den sie besser anerkennen, ja am besten unterstützen. Mit der wirren und listigen Beiläufigkeit von Dienstboten können sie verstehen, daß ich an irgendeiner Neigung zum Lieben leide, und würden sich einbilden, mir etwas Angenehmes zu erweisen, wenn sie mir Nachrichten zuflüsterten, Dich mit unglaubwürdiger Inbrunst lobten, immer wieder abschweiften, sich durch schmutzige und unmögliche Dienste erniedrigten, und meine mutmaßliche Zartheit und meine Liederlichkeit gleichermaßen berücksichtigten, indem sie mir Deinen Körper und Deine Seele, die Ergebenheit Deiner Laster und Deine unantastbare Tugend in einem versprächen.

Dennoch kann ich diesen Dienern eine Art karikaturhafter Vornehmheit nicht absprechen – eine Würde, die mich einschüchtert und abstößt, zumal sich hinter ihr auch die Wahrung eines heiligen Ritus oder einfach der Zugang zu einem Freudenhaus für Mächtige und Geistliche verbergen könnte. Und ich kann es nicht leugnen: all das bevölkert mein überwiegend ödes, gewohntermaßen verlassenes Leben.

In diesem unendlichen namenlosen Grasland erkenne ich so etwas wie eine Heimat, ein nie gesehenes und doch vertrautes Zuhause. Bestärkt durch die Vergeblichkeit meiner Würde, kann ich nicht anders als annehmen, daß irgendeine weise Einsicht mich dazu ermutigt, von Flucht und Verfolgung abzusehen, und mir nahelegt, meine Zelte an diesem Ort aufzuschlagen und mich an Deinem Bild zu nähren, das ich weder verlieren noch erreichen kann, und aus diesem doppelten Weg die Erzählung meines Lebens zu machen. Ich weiß, daß das unmöglich ist, aber die Erinnerung an Dich, die ich nie gehabt habe, das Nachdenken über die Liebe, die ich Dir verdanke, auch wenn ich nie erfahren habe, ob Du von meiner Existenz unterrichtet bist oder nicht – all das führt mir das Bild einer legitimen

Müdigkeit vor Augen, etwas, das – auch wenn es mit Leid und Beklemmung und einem zarten Erinnerungsweh verbunden ist – die Legitimität des Wahren, Statthaften, Ehrlichen und Gelebten besitzt. Ich weiß, daß jeder, der behauptet, sich an das, was ich eben erwähnt habe, zu erinnern, unweigerlich lügt. Ich weiß auch, daß ich mich nur lügend an Dich erinnern kann, und daß keiner das Recht hat, die Vergangenheit Deiner Liebe zu katalogisieren, und niemand sich der Komplizenschaft auch nur einer Deiner Hände rühmen kann. Lügend werde ich Belohnungen erhalten, die viele als nicht unerheblich betrachten würden. Ich bin sicher, daß ich auf die komplizenhafte Rhetorik meiner Haushofmeister zählen könnte, und daß meine Lügen bestätigt und aufs genaueste dokumentiert würden.

Zunächst einmal würden sie mir feierlichen Einlaß gewähren in ein großes Haus mit verbürgtermaßen antiken Möbeln, weitläufigen Zimmern, abwechslungsreichen und anregenden Ausblicken, wogenden Vorhängen und einem eigens in Erwartung ermatteter Gäste großer Stunden eingerichteten Speisesaal nebst Ställen für ihre exotischen Pferde, und schließlich einem Brautgemach, das den nüchternen Lieben der großen Geschlechter, ihren nie von der Strenge, wenn nicht gar vom Terrorismus des Stils befreiten Leidenschaften angemessen ist.

Hier nun Dein Schrank, voll der Kleider, die Du am liebsten trugst. Sie würden mir Deine Gewänder für die geselligen Abende zeigen und für unsere unvergeßlichen Abende allein; und – ein wenig abseits – würden sie mir Dein Brautkleid zeigen. Das Haus wäre täglich voll Deiner Lieblingsblumen, und überall fände ich, sorgsam verteilt, leicht unscharfe Photographien von Dir, auf denen eine unsagbar teure Gestalt sich mühsam einen Weg durch die Schatten des Zimmers bahnt. Im übrigen würden sie meine hartnäckige Überzeugung, Du existierest, bestimmt lieber nicht auf die Probe stellen.

Bei Tisch wäre immer für Dich gedeckt und Dein Stuhl stünde in Erwartung eines eleganten und kostbaren Körpers bereit. Auf meine niemals ungeduldigen Fragen würde sie mir antworten, daß Deine baldige Rückkehr sicher sei, ja daß gerade dieser Tag und diese Stunde für Deine Rückkunft außerordentlich günstig wären – Deine langsamen und zaghaften Gesten, Deine prüfenden Blicke, ob auch alles am richtigen Platz sei; zerstreut aber nicht lieblos rücktest Du eine Vase oder einen Vorhang zurecht. Eine so liebe, so würdevolle Frau! Gewiß – so würden sie mir bedeuten, mit einem Blick, der eigens dazu ausersehen wäre, eine enge Komplizenschaft zu erhärten – es wäre nicht ratsam, sie nach ihrem Aufenthalt im Grab zu fragen. Wenn die Toten ihren Grabkammern entsteigen und sich der liebenden Unordnung des Lebens weich überlassen, dann ist es nicht fein, auf jene gebieterische aber totale und so erholsame Stille anzuspielen, in der sie ihre nunmehr vergessenen Träume abgewickelt haben.

Über Deinen Tod gäbe es je nach Tag, Windrichtung und meiner Laune verschiedene Geschichten. Zum Beispiel: Du hast veranlaßt, daß Dein Grab ausgehoben wird, hast Dich von der Dienerschaft verabschiedet, hast mich zärtlich und öffentlich geküßt, hast Dich gegen meine Zudringlichkeit, meine Bitten um ein weiteres Verweilen anmutig gewehrt und Dich liebenswürdig aber bestimmt in den von Dir als endgültige Wohnung und Abwesenheit auserwählten Ort eingeschlossen. Eine so edle Frau! Ein andermal würden sie mir geduldig und mehrstimmig, fast wie in einem einstudierten Theaterstück, von Deinem langsamen und umsichtigen Sterben erzählen: Tag um Tag, zwischen Fieber und Delirium, Abwesenheit und Bewußtlosigkeit, Schritt für Schritt mit chromatischer Genauigkeit, bei wachsender Blässe, während Du die Länge Deiner Spaziergänge von Woche zu Woche einschränktest, bis hin zu langen schweigsamen Aufenthalten im Laubengang, wo Du die spärliche und leichte Kost lächelnd aus meinen Händen empfingst; dann Dein Rückzug ins Haus, das Zuziehen der Vorhänge, damit das Licht mit seiner hastigen Vertraulichkeit die Zartheit Deines immer gebrechlicher werdenden Körpers nicht verletze; und endlich die Geborgenheit im einzigen und letzten Zimmer – es ist noch erhalten –, wo Deine Blässe in blendendes Weiß und medusenhafte Durchsichtigkeit übergegangen und schließlich von Dir nichts geblieben war als ein zartes, immer schwächer werdendes geisterhaftes Phosphoreszieren – nach und nach eingesammelt und in die Augenhöhlen gebettet von Händen, die einzig zum Abschiedsgruß taugen. Sie würden mich an meine Verzweiflung erinnern, an meine Wut gegen das, was ich unmöglich verstehen und vergessen konnte. Sie würden sich hingerissen zeigen von meinem edlen und stolzen Schmerz und mir helfen, mich ohne Bestürzung an die Tage eines ungetrübten Glücks zu erinnern; in der Mühsal eines einsamen Lebens stünden sie mir zur Seite. Ich meinerseits würde ihnen – aufgeregt treppauf treppab im Haus herumlaufend – eine Geschichte erzählen, die in jenem Lügenmärchen bestimmt wahr wäre. Ich, *ich* hatte aufgehört, Dich zu lieben, Deine Würde hatte mich mit einem erlesenen und raffinierten Groll erfüllt, Du hattest das sehr wohl bemerkt und hattest angefangen, mich zu hassen. Die Intimität des Lebens hatte aus uns zwei gewissenhafte Feinde gemacht, und jetzt, da mir alles an Dir vertraut war – Körper und Schlaf, Hände und Nacken –, jetzt, da ich in Dich eingedrungen bin und mich in der tükkischen Höhle Deiner Scham aufgehalten hatte, und da jeder von uns die Träume des anderen beschmutzt hatte – jetzt war in beiden der Duft der Liebe noch lebendig, aber niemand, um diesen ihm anzuvertrauen. Und so hatte sich der Duft in Gift, in weises Toxin verwandelt. Unglücklich alle beide, verbrachten wir schweigsame Tage – verloren, nur noch ein wechselseitiges Nichts.

Und die Diener hatten gehört und einander anvertraut, einer von uns hätte den anderen getötet. Ich also, ich allein hätte die Frau getötet, die ich liebte! Auf welche Weise – darüber gab es unterschiedliche und nicht wenige Geschichten. Einigen zufolge hätte ich sie mit einer List in die Heide gelockt und ihr dort mit den langen und harten Gräsern, die eigens zu diesem Zweck wachsen, den Hals umwickelt und zugeschnürt. Oder ich hätte Dich mit Nepenthessaft betäubt und halbtot in einen Graben geschüttet, wo Du dann vollends gestorben wärest, auf Arten und Weisen, welche die Diener einmütig als wonnevoll bezeichneten. Und mit nüchterner Ausgelassenheit verzogen sie die Gesichter und bleckten die Zähne, um mich an die Einzelheiten des Todeskampfs jener Frau zu erinnern, die ich geliebt hatte. Und jemand erinnerte sich, wie ich die Knochen ein paar Monate später wieder aus der Grube herausgezogen hatte und sie – nachdem sie mit den geeigneten Reinigungsmitteln von allen fauligen Rückständen befreit worden waren – neu hatte zusammensetzen und mit Draht befestigen lassen, um das Skelett auf solche Weise restauriert in einen Schrank zu hängen und es von Zeit zu Zeit vom Bügel zu nehmen und am Tisch sitzen zu lassen – auf einem Stuhl, der nur von ihr benützt wurde, seit jeher; das tat ich speziell wenn ich Gäste hatte und mich besonders gastfreundlich zeigen wollte, und vor allem um etwaige Gerüchte über ein Zerwürfnis zwischen mir und meiner

Gattin zu zerstreuen – Gerüchte, die durch ihre Abwesenheit womöglich tückisch genährt worden wären. All das erschien ihnen würdig und unterhaltsam, und es gefiel ihnen, mich daran zu erinnern, wie ich jenem von wirren Metallfäden durchzogenen Schädel mit äußerst höflichen, ja schmeichelhaften Worten raffinierte Speisen anbot und mich dann seufzend bei den Gästen über Deine hartnäckige, ja beunruhigende Appetitlosigkeit beklagte. Worüber Deine Diener respektvoll kicherten.

Eine andere Geschichte war mir nicht unlieb: von einem großen Feuer und wie es die Vorhänge im Zimmer der gnädigen Frau erfaßte und sie schreiend auf einem prunkvollen Scheiterhaufen verbrannte, während ich im kleinen Salon im Parterre nervös die Spielkarten mischte. Doch was mich betrifft, so weiß ich genau, daß ich Dich ermordet habe – dieser Ausdruck gefällt mir – indem ich Dir mit glattem Hieb die Kehle durchschnitt, und Dich dann so – tot und mit wie abgehackt herunterbaumelndem Kopf – bei Tisch sitzen ließ, während ich mit schamloser Fröhlichkeit aß und trank. Jenes bluttriefende Tischtuch verwahre ich noch, aber mit welchem Blut, mit welch bluttriefendem Blut Du noch immer blutest, das kann ich nicht vergessen.

An Tagen der Milde erzähle ich mir, ich hätte mich in der Eintönigkeit der Heide verloren, und Du hättest mich beim Licht rhetorischer Fackeln im Regen gesucht und wärest dabei vor Beklemmung gestorben, oh meine Geliebteste. Oder Du wärest vielleicht ahnungslos an den Rand jenes Schachts gelangt, der zum jahrhundertealten Thron aus Staub führt, wärest hineingefallen und zerborsten, mein deokrativer Blutspringquell, und hättest Dich in den Nebel, der mit den eleganten Moosgenitalien verziert ist, aufgelöst und wärest dort unten geblieben – Du – Königin – Königin, die mich erwartet – Nichtskönigin in Deinem Nichtskönigreich.

Deine Abwesenheit: ich konnte mir Deine Abwesenheit nicht erklären, und weil Deine Abwesenheit eine Abwesenheit von mir war, mußte ich Dich umbringen und zerfleischen. Aber konntest Du denn nicht auch – erpicht wie Du auf das Prestige Deiner Fluchten warst –, konntest Du nicht auch barmherzig, wild und lasziv mit dem Fleisch eines meiner Diener geflohen sein? Ich sah sie forschend an und fragte sie aus – es fehlten Deine Kleider, Dein Ring lag auf der Schwelle. Wohlerzogen zeigten sie offene Verlegenheit. Sentenziös antworteten sie mit diskreten Anspielungen auf die weibliche Zerbrechlichkeit und die unvorhersehbare Gewalt der besinnungslosen Leidenschaften, denen ein empfindsames Herz sich nicht widersetzen kann noch zu widersetzen wagt.

Du hattest mich also verlassen, hattest eine andere Leidenschaft gewählt, und ich bewohnte jetzt nicht so sehr ein verlassenes, als vielmehr ein abgelehntes Haus.

Begierig, mit meiner Würde in Einklang zu kommen, und mir ein Verlassensein zu gönnen, bei dem das Leiden sich mit einer ihm eigenen Würde verbindet, hätte ich mir die zitternden Ängste, die inneren Forschungen einer vom Gift der Wahrheit angelockten und infolgedessen von endgültigen und unwiderstehlichen Visionen heimgesuchten Seele ausmalen können; womit ich mich nur wenig von einer anderen Geschichte entfernt hätte, bei der meine Gedanken des öfteren lange verweilen: daß die Einsamkeit, die Hartnäckigkeit des Windes, die Stabilität der finsteren und phosphoreszierenden Nacht, das Knirschen der Gräser, das fragende Winseln unwiederbringlich verlorener Tiere – daß alles das auf Dich eingewirkt hat, die Tore zu

Deinem Geist mit ebenso riesigen wie körperlosen Gespenstern füllend – wilden Fluchten, nahegelegt durch ausführliche und umständliche Pläne zu Katastrophen, die so radikal waren, daß sie Deinen Körper zwar unversehrt, Deine Seele aber ausgelaugt und zerstört hinterließen; ein plötzliches inneres Aufleuchten von Augen, dem keine Nacht sich widersetzen kann; und ein melodischer Wille von Schreien, die von erschöpftem Hinabstürzen in einen höllisch reglosen Frieden kündeten. Du siehst, ich liebe Deinen Wahnsinn, und ich bin zuversichtlich, daß meine eigene Unvernunft, die geduldig an Dich denkt, Dir folgt und Dir ausweicht, einen Weg finden wird, um sich mit dieser liederlichen Verwaltung Deines Körpers, Deiner Eingeweide, Deiner Stimme zu einigen. Im übrigen kann ich, wenn Du, wie ich mir einrede, zwar wahnsinnig aber meiner nicht entliebt bist, an dieses Haus denken wie seit je – also endgültig als an unser Haus. Mit barmherziger Strenge in einem harmlosen Zimmer gehütet – Du, Braut des Geheuls und Deliriums, Konkubine der Inkuben – und der Augen –, geduldige Dirne der Schlangen, Engel der Gifte! Seit jeher und für immer erfüllst Du dieses Haus mit Fieber und Schauern – dieses schwitzende Haus mit den sinnlos plappernden Wänden, und dem Gefühl, als verspürte es einen finsteren aber nicht wahnhaften Drang, sich zu bewegen – mit Gläsergeklirr, schwankenden Leuchtern und knarrenden Treppen. Aus dem Zimmer, das Dein Haus in unserem Hause ist, übertragen mir einfallsreiche akustische Vorrichtungen Dein Gebrüll einer Wahnsinnigen und Weisen, Deine rasenden Worte, den Geruch Deines Entsetzensschweißes. Ich stelle mir vor, ich würde auf diese Art zu einem großen Nasen-, Ohren- und Augengerät, welches das Diagramm Deines Wahnsinns aufnimmt oder rekonstruiert; und Du füttertest mich täglich und für alle Zeiten mit einer Mischung aus Wahrheit, Liebe und Schicksal, die nur in Form von Schreien, wettstreiterischen Schweißausbrüchen, Ohnmachten und Todesimitationen verabreicht werden kann.

All das könnte ich jetzt haben, wenn ich, meiner Natur entsprechend, bereit gewesen wäre, zu lügen; ich hätte dann aber zugeben müssen, in einem Haus gewohnt zu haben, in dem Du – wenn es das Haus überhaupt gibt – nie gewesen bist, das nicht als Beweis für irgendeine einmütige Intimität gelten konnte, und das ich nur in würdiger Erniedrigung als ein Haus bewohnt hätte, das niemals unseres oder Deines, und also auch nicht meines oder nur vergeblich meines war. Ich weiß, daß ich keine Vergangenheit habe, an die ich mich erinnern könnte, und daß ich meinen Dienern die Biographie, die sie Tag um Tag zu rekonstruieren vorgäben, selbst diktieren und geduldig mit den Bruchstücken einer Zukunft des Möglichen verknüpfen würde. Ermordet, wahnsinnig, flüchtig, ausgezehrt oder tot – in keiner Form kann ich Dich abschaffen, und jedwede Gestalt der Inexistenz und der verunstalteten Existenz, die Du annimmst, ist für mich Teil unserer Geschichte, eine öde Mischung aus Notwendigem und Unmöglichem. Wahrscheinlich habe nicht ich Dich, sondern Du hast mich getötet: und da ist mir, als wäre ich einer seltsam verunstalteten Kohärenz auf der Spur.

Ich lege mich ins Gras, in einem besonders windreichen Moment. Ich kann, ich möchte dieses Band aus Liebe und Haß nicht entwirren, das mich dazu verleitet, negative und positive Listen im Hinblick auf Deine Wiederfindung zu gebrauchen, auch wenn ich keinerlei Möglichkeit habe, Dich zu erkennen, Dich wiederzuerkennen, Dich zu töten oder für Dich oder durch Deine Hand zu sterben. Mich tötend würdest Du Dich offenbaren; ich bin also durch Deine Schläue, vielleicht auch durch Deine Weisheit oder Deinen Haß verhängnisvoll geschützt. Ich beobachte den Wind: ich bin sicher, daß sein Profil sich von allen anderen Profilen unterscheidet, ausgenommen von Deinem. Natürlich ist es mir gänzlich unsichtbar. Kann es sein, daß Du, die Du Deinen Körper trägst wie einen unnützen Schal, beschlossen hast, der Wind zu sein? Ich argwöhne es, denn etwas, das ich unwissend kenne, schüttelt mich, umkreist mich, verläßt mich wieder. Es gefällt mir, töricht anzunehmen, Du hättest begonnen, mich zu verfolgen. Als wüßte ich nicht seit jeher von Deinem frigiden Spiel, dem Spiel eines schrecklichen und schlauen Wilds. Jedenfalls gibt mir die Unhöflichkeit des Windes das Gefühl, nicht allein zu sein in der Heide, und weist mich gleichzeitig auf die Vergeblichkeit hin, mit Worten um Antworten zu betteln: dies ist kein Ort für Mund und Stimme.

Wenn der Wind, den ich Dir ähnlich wähne, sich legt, werde ich meinen unerträglichen schweigsamen Stunden wiedergegeben.

Dank der eilfertigen aber nicht feindseligen Lügen der Haushofmeister glaube ich oder möchte ich gern glauben, im Besitz von Nachrichten zu sein, die Dich und mich und diese unsere Heide betreffen. Ja, auch sie unterhalten irgendeine Beziehung mit diesem Wind, aber sie geben mir zu verstehen – nur selten gehen sie in ihren Gesten und ein wenig scheinheiligen Worten über eine vorsichtige Andeutung hinaus –, daß sie den Wind für zu stürmisch und tückisch halten, um in ihm eine glaubwürdige Gestalt der Gnädigen Frau zu sehen; aber falls dieser Wind etwa doch die Gnädige Frau sein sollte, so würde das bedeuten, daß gewisse herrische und anmaßende Züge ihres Charakters eine berechtigte Beförderung erhalten haben, und daß sie sich jetzt in den höchsten Rängen der Heide bewegt. Jedenfalls glaube ich zu verstehen, daß sie dazu neigen, die Unmöglichkeit oder vielleicht auch die verwegene Unverschämtheit zu betonen, die darin liegt, dem Wind Fragen zu stellen, oder die vergebliche Hoffnung, von ihm eine Antwort zu erhalten, zumal alles darauf hindeutet, daß diesem Wind das Privileg zuteil wurde, ein privates Folterinstrument zu sein, eine Marter, die nur mich betrifft und der ich mich nicht rechtmäßig widersetzen kann, denn um solches zu erreichen, müßte ich mir die Berechtigung erwerben, als Königreich ohne Monarch angesehen zu werden, als edle Größe, die sich im Fehlen eines Throns verschleißt; wozu sie nicht ohne Bosheit bemerken, daß meine beharrlich fortgesetzte Suche nach der Gnädigen Frau viel eher daran denken ließe, ich hätte mich – nicht ohne Betrug – als Kandidat für die Rolle des Königs vorgeschlagen. In Wirklichkeit, Liebe, nehme ich nicht ungern an, ich sei Dein Königreich, ein für die Weisheit Deiner Tyrannei auserwählter Ort, an dem Du eine peinigende und pedantische Macht ausübst, die nur dadurch erleuchtend und veredelnd wirkt, daß Du Dich weigerst, sichtbar, verständlich und berührbar zu werden. Dein majestätisches Nichts sitzt auf meinem inneren Thron, und ich kann mir nichts anderes wünschen; und aus dem leeren Thron sickern Befehle, Verfügungen, Anregungen und Anspielungen; oder Du schweigst ganz einfach in ruhiger, königlicher Stille, mit milder und nachsichtiger Mißbilligung, die mich intakt läßt und tötet. Seit jeher spiele ich müßig mit der

Krone, die ich Dir aufs Haupt setzen müßte, und die die Zeit, welche mir unendlich gewährt wird, langsam verformt, so daß ich sie jetzt als Trauerkrone betrachte, als ewige Krone – vor mir her zu tragen, geradeaus schreitend durch das unzerstörbare Reich der Toten.

Trauer: das Wort – ein leichter, körperloser Vogel – berührt mich, streift mich, nicht ohne Anmut, ja ich möchte fast sagen Zärtlichkeit. Auf die Ellbogen gestützt betrachte ich die Heide, wie jemand, der sich plötzlich bewußt ist, weit mehr zu wissen als er zu wissen wähnte. Ich weiß es: diese Heide ist leer, weil sie in ihrem Inneren dicht bevölkert ist. Dort liegen alle jene begraben, denen es gelungen ist zu sterben. Kein Grabstein, keine aufgelockerte Erde, keine wunderlich ungleichen und schauerlich kräftigen Gräser bezeichnen die Plätze der Gräber. Freilich ist dies ein lückenloser Ort, ein Reich für zerstückelte und gedemütigte Untertanen, die nie irgendeine Form von Ansehen gekannt haben. Hier kauern verschlagene Splitter von Kardinälen, königliche Reiter, schlanke Zebras, tollwütige Hunde, zerfallene Fernrohre, Pendeluhren, handschriftliche Briefe, die nicht mehr auf eine Antwort erpicht und für sich selbst unleserlich sind; aber nicht nur Tote, sondern Tote der Toten, heraufbeschworen in ihrer Funktion als Gespenster, von unfähigen Nekromanten liegengelassen und gezwungen, mühsam wiederzusterben. Hier liegen Majuskeln, Primzahlen, Throne, Würmer, Utopien, Oxymora, Koloraturen und Harfen begraben. Doch auch dieses scheint mir sicher: daß nicht nur Totes in der Heide abgelegt ist; hier drinnen kauert auch etwas Lebendiges, listig zwischen Betrug und Spiel versteckt – glücklich, geahnt und vergebens gesucht zu werden; ein verschlossenes, unschätzbares und unauffindbares Depot. Ich hege keinen Zweifel – auch wenn mich diese Gewißheit weder zu trösten noch zu leiten vermag –, daß Du, geliebte Bosheit, in dieser Erde eingeschlossen bist; das hast Du gewählt; Du schläfst und wachst und schweigst, und Dein einziges Körpergeräusch ist Dein weicher und langsamer Herzschlag – dieses Geräusch, das Du weder anhalten noch verbergen möchtest, ein trügerischer, kindlicher, treuer Ruf. Ich wage es nicht, Dich zu suchen: ich weiß, wenn ich der Spur Deines Körpers und Deines erlogenen Grabes folgte, würde ich an jedem Punkt dieser Welt, die vielleicht die Welt ist, langsame Herzschläge hören; denn überall würdest Du getötete Tiere und gebrochene menschliche Wesen antreffen, die bereit wären, Dir ihr Herz zu überlassen – diesen lebensimulierenden Klang; und die Heide würde mit vorgetäuschten Herzen in falschen, ergebenen Schlägen pulsieren. Ich fürchte mich vor dieser Deiner Berufung, überall und nirgends zu sein. Ich weiß nicht, ob das Gras über Deiner Höhle eigentümliche Muster stickt, ob ein pflanzlicher Hinweis zum hohlen Klang der Erde führt; vielleicht offenbart sich mir diese Erde aber auch durch Deinen Atem bewegt oder durch Deinen nächtlichen Blick in Unruhe versetzt. Wenn ich es ihnen befehlen würde, dann kämen die Haushofmeister mit Schaufel und Hacke angerannt und in ein paar Tagen oder Jahren oder ein paar Ewigkeiten wäre die gesamte Heide aufgerissen und umgepflügt und aus einer vorgetäuschten Gräserbehausung zu dem gemacht, was sie – angefüllt nicht nur mit den vergangenen und gegenwärtigen, sondern auch den zukünftigen Toten und seit jeher perfekt – schon immer war: der große Friedhof des Jüngsten Gerichts. Und was erwarte ich dort zu finden? Welchen Betrug fände ich anstelle Deines Schlafs? Du würdest nicht zögern, Dich in einen Traum, eine Alraune, einen Eulenflug, ein zerschlagenes Wappen, eine unleserliche Inschrift, eine aphasische Resonanzhöhle zu verwandeln; oder ein Depot von Fingernägeln für eine Rasse, die irgend jemand nicht zu erschaffen beschlossen hat. Ich weiß nicht, ob diese Gaukeleien zu Deiner Flucht oder meiner Suche gehören, falls sie nicht überhaupt zwischen uns vereinbart sind, auf daß diese Raserei aus Verlangen und Furcht, dieses Mutmaßen und Kapitulieren nie ein Ende finde. Dir wird keine andere Existenzform gewährt als dies mein Dich-Suchen und Fliehen, und ich kann nicht anders erkennen, daß ich *bin,* als durch Deine Betrügereien und Deinen Unmut und das, was ich unbeirrt als Deine unbeirrbare Gegenwart betrachte, Dein Da-Sein, stumm und dürstend nach Dialog.

Ist es vielleicht dieses gegenseitige Erdulden und In-Versuchung-Führen, das uns einen für den anderen zu schuldigen und unwissenden Mördern macht, das jedem Begegnungs-Hinterhalt ausweicht und uns daran hindert, ein beiläufig und hinterlistig gezeigtes Profil auf einer goldenen Münze zu erkennen, die nicht mehr im Umlauf ist. Oder auf einer mit Zorn gestempelten Briefmarke? Im Wasserzeichen einer Spielkarte, die in allem falsch ist, außer in der manischen Genauigkeit jenes Gesichts? Ich bin alt, kein Mann mehr, bin eine Grotte; zwischen mich und den Tag schiebt sich ein dichtes Netz von Spinnweben, feinmaschigen Arabesken; aus der tonlos behenden Fortbewegung der Spinnen versuche ich, eine Botschaft herauszulesen, ein Stelldichein, wo ich Dich unter keinen Umständen treffen könnte und das ich nicht wagen würde, als ernstgemeint anzusehen; und dann – fast wie in einem kindlichen Spiel – tue ich so, als entdeckte ich in diesem fieberhaften Wachstum den Umriß eines Gesichts, in dem ich Deines sehen möchte, und aus dem plötzlichen Rascheln einer Spinnwebe gebe ich vor, eine Botschaft herauszuhören – und sei es auch ein Abschied vor dem Ende, vor dem atemlosen Beschließen des Spiels. Ich vermute, daß ich ein Grab bin – das einzige, totale Grab: seit jeher prüfe und stempele ich alle Leichen, die mir ausgehändigt werden, und kontrolliere die Namen – als kennte ich Deinen! – derer, die kommen und gehen. Ich weiß indes nicht, ob Deine Form ein anderes Grab duldet als den Thron. Jetzt bin ich ein Stein, um die Füße zu messen, die auf mich treten und über mich laufen, aber Du ziehst womöglich als Wind, Vogelflug, Gesumm vorbei. Ich zerfalle in einen flüchtigen Insektenschwarm und verliere mich in der Luft; und wie ich mein letztes Stückchen Selbst wieder einfange, das meine Seele im Mund trägt, halte ich nur Flausen, Gerüchte, Spiele und Märchen in der Hand. Irgendwo. Irgend jemandem zufolge. Woanders. Ich verwandle mich in einen wilden Aufruhr absurder, prachtvoll gefärbter Blumen, die eine neugierige Hand anlocken könnten. Eines Tages wird es auf der ganzen Erde regnen, aber Du wirst reglos, im Schutz einer Dachtraufe, stehen, in einer winzigen und öden hölzernen Stadt, einem ehrwürdigen mittelalterlichen Schachbrett.

Ich kann auf Dich verzichten, auf Deine Existenz und Nichtexistenz, die Bedingung, die mir nicht gestattet, Dich zu verletzen – auch wenn ich Dich nicht verleugne. Ich kann die Krone Deines Bildes niederlegen und mich der Szepter entledigen, die mich bisher dazu ermächtigt haben, Dir zu folgen und Dich zu verfolgen, und kann die Medaillen meiner Siege fortwerfen, von denen kein einziger die Süße jener Niederlage besitzt, die wir uns gegenseitig verwehren – die Niederlage eines Zwiegesprächs. Und da bin ich nun, ein selbstentthronter König, blutüberströmt nach meinem Attentat auf mich selbst, von mir selbst gefesselt und mir selbst ausgeliefert, damit ich als Verschwörer und Usurpator hingerichtet werde; auf daß der Thron verwaist bleibe. Ich verberge mich in meinem Schloß, trenne mich von mir selbst. Die Haushofmeister bezeugen mir die Ehren, die man einem gefallenen Helden erweist; mit ihren schrillen Stimmen, ihrem Gekreisch krächzen sie die Namen mutiger durchbohrter Männer – ehrenswerte Vorwände für Denkmäler, künftige Städte, archivalische und toponomastische Forschungen. Sie simulieren ein Weinen, und wenn ich ihnen meine Entscheidung mitteile, daß ich mich selbst entthront habe, oder ihnen gestehe, daß ich in der Schlacht feige gefallen bin, knien sie zu meinen Füßen nieder, um mich zu bewegen, von meinem Vorhaben abzulassen; und wir lachen verstohlen. Ich tue so, als verließe ich das inexistente Schloß und streichelte zum letzten Mal mein tapferes Lieblingspferd und meinen gertenschlanken Windhund; der Himmel gewährt mir einen Sonnenuntergangs-Prospekt, auf dem das Blutrot nicht fehlt, wofür ich ihm dankbar bin. Und jetzt stehe ich hier, allein mitten im Gras, und verkünde Dir, daß ich – nachdem ich nun abgedankt, mich meines Königtums entledigt und das Schwert des Geistes niedergelegt habe – fortan darauf verzichten will, zu fliehen und Dich zu verfolgen, Kriege anzuzetteln und Fallen zu stellen. Ich übergebe Dir die Träume, die Gräber, die Spinnen, den Wind, die tödlichen Kräuter, Deine Kleider, die Schwerter, die Nacht. Wütend beginnen die Schatten um mich herum zu zucken und die Galgenkräuter richten sich auf; mein Körper wimmelt schlagartig von Spinnen und ein Traum kommt mit einem Schrei auf mich zu; da weiß ich, Du verlangst, daß Flucht und Verfolgung wieder beginnen, und daß ich

Dich jedesmal wieder verliere, aber nie ein für alle Mal. Du verzichtest nicht – auch nicht als vom Nichts herausgefordertes Nichts – auf die geliebte Ungenauigkeit der Zielrichtung, die Dich verfehlt und Dich doch durchbohrt, mein unerreichbarer Körper.

Mit einer unverhüllt melodramatischen Geste setze ich mir die Krone wieder aufs Haupt; die Haushofmeister zeigen offene, wohlerzogene Freude. Das wütende Spiel soll nicht zu Ende gehen. Unerreichbar, gewährst Du mir keine Waffenruhe, keine Kampfespause und keinen Pakt. Meine Finten täuschen Dich nicht. Wenn ich mich dem Schwert eines Feindes stelle, umhüllst Du mich, mein Nebel, und rettest und bewahrst mich für Deine eigene Herausforderung, Deine eigene Verwundung, unsere gegenseitige Verletzung, an der wir, niemals sterbend, sterben. Schweigend forderst Du mein Gehör, und ich schenke Deinen Nebelfingern einen Ring. Du siehst mich abschätzend an, und ich tue gelassen als wüßte ich nicht, was Du, Raubtier, Wasser, Heidegras, von mir erwartest. Ich will Dich ernüchtern; ich will, daß Du Deiner eigenen Majestät mißtraust. Ich präsentiere Dir blitzartig den herben Geruch eines Untertanentums. Mir selbst spiele ich vor, daß ich Dich zerfetze, Dich Deiner Waffen entkleide, dic getarnte Erde Deines Grabs zerwühle. Ich möchte, daß Du – auch Du – fürchtest, meine Verwundung, unsere Verwundung zu verlieren – diesen blutigen Mund, einmal Deiner, einmal meiner, durch den wir miteinander zu sprechen versuchen. Ich ahme Deine Stimme nach, die ich nicht kenne, und wenn ich die Fingerkuppen aneinanderlehne und mit den Nägeln knirsche, dann ahme ich mit gespreizten Fingern die Spinne nach, und um die Schlange, das Wasser nachzuahmen, lege ich mich hin. Kindlich versuche ich, Dich zu erschrecken.

Liebe – der Wald, durch den ich gehe, ist licht und milde leuchtend – eine durchbrochene Phosphoreszenz von Blättern. Gewiß, Du könntest noch immer im Wald versteckt oder verirrt sein, oder Dich womöglich in ein Gras, ein Moos, einen Pilz, einen Zweig, eine Blume verwandelt haben; es gefällt mir, in einem Insektengesumm Deine Stimme zu hören und Dir Haare aus Gras zu flechten, und der Baumstamm, den ich berühre, ist Dein Körper. Ich bahne mir langsam einen Weg, während ich meine Gegenwart an diesem Ort, von dem ich – einem unsinnigen Gedankenspiel folgend – gern annehme, daß Du es bist, Du selbst – nichts als ein Fieberwahn –, so weit wie möglich ausdehne und hinziehe. Ich verfolge nicht, ich ziele auf nichts, im Gegenteil, ich gehe langsam voran, wobei ich die Beharrlichkeit, die Milde, die Konzentration und den Erfindungsreichtum meines Liebens prüfe. Ahmst Du Dich selbst nach – folgst Du mir und schützest mich als Wald? Gibt es in Deiner Unliebe Lücken, die Dir Verwandlungen gestatten – ein mattes Leiden, weniger als ein Bedauern? Diese geistige Verschrobenheit oder Dekadenz, auf die ich nicht zu verzichten wage, gestattet es mir, eine zermürbte und jedenfalls stille Ergebenheit zu üben – voller Riten, Gesten, Stereotypien, Litaneien, Delirien, Obskuritäten und Erleuchtungen. Ich weiß nicht, ob in Dir Leid oder Böses ist, oder ob es nur Verstellung ist, oder einfach Dein Im-Zentrum-Sein als mein und der Welt erschöpfendes Bild – zarte Wehmut, Krankheit. Doch ob Du nun existierst oder nicht – Du kannst nicht umhin, mich zu beobachten: vorsichtig, kalt, leidenschaftlich, mit Wohlwollen, Hoffnung, Erschöpfung, Langeweile. Wir leugnen nicht, daß diese Nicht-Geschichte unseres einander Liebens, Verfolgens und Verweigerns meist Krampf, Kummer und Erschöpfung ist, zumal wir einander nie erreichen können. Ich messe das Blatt, den Zweig, die Eichel – den Empfänger der Liebesglut; es gibt in diesem Wald keine Form, die nicht plötzlich entdeckte, Verfolgte und Verfolgerin, Pfeil und Hindin, langsames Zielen und wildes Wegspringen zu sein. In diesem Liebeswald löst Deine gleichmäßig verteilte Abwesenheit Wut, kniefällige Ergebenheit und Schluchzen aus.

Hinter meinem Rücken höre ich die respektvollen und bedächtigen Schritte der Haushofmeister; ich bin mir ihres strengen archaischen Spiels wohl bewußt; sie wissen seit jeher von meiner stellvertretenden Königswürde und bemühen sich hartnäckig, sie zu legitimieren, indem sie – die eigene Nichtigkeit legitimierend – ihre nicht alternden Körper mit ironischer und aufmerksamer Ergebenheit bewegen; im Königreich der Wahnsinne, im Palast der Halluzinationen, im Wachtturm der Gespenster stehen sie – die Untadeligen – der Ordnung vor; so als hielte diese Maschinerie schlechtesten Schmierentheaters noch irgendwo listig eine stolze Wahrheit, eine ungelogene Würde versteckt. Diese lächerlichen Schatten sind in die Vollkommenheit eines Stils verstrickt, dem kein Sinn abverlangt wird. Ich weiß, daß ich keine Möglichkeit habe, den Sarkasmus dieses Königsmantels abzulegen, der doch nichts weiter ist als ein Spiel meiner Phantasie; und auch die Krone, die ich nie getragen habe und deren beharrliches Fehlen mich heilig und herrscherlich macht, kann ich mir nicht vom Kopfe reißen. Warum ist dann aber dieser Mantel so blutbefleckt, warum zermartert die

Krone mir den Schädel, welcher Haß zerbricht die kurze Linie meines Szepters, warum schlägt mir der Reichsapfel ins Gesicht? Kann ich der Gefolterte und der Folterer, der geringste Untertan und der höchste Herrscher zugleich sein? Dieser Wald ist ein Teil meines Reichs, oder ist mein ganzes Reich; er ist so groß wie die Welt, ist die ganze Welt; oder ist dieser Ort der Einsamkeit und des wortunkundigen Lebens, diese Niederung, von der aus ich die senkrechten Jenseitigkeiten ermesse, in denen Du wohnst, vielleicht mein wunderbares Grab, dem nur Du Ehre erweisen kannst? Ist er, dieser Wald, die verbrämte Verwesung meines Körpers, der sich vergeblich Deiner Größe, Deinen kalten Riten, Deiner abweisenden Keuschheit prostituiert hat? Ist demnach alles, worin ich Dich vermutet habe, der Nichtigkeit dieses Körpers entsprungen, den nicht einmal Du zu zerstören vermagst – diesem Knochenhäufchen im Herzen der Welt? Bin ich Dein Rätsel und Deine Frage, Dein Irrtum und Deine Last? Schließlich halte ich mein Schienbein als Szepter in der Hand, und meine ehrwürdige, von edlen Runzeln durchzogene Haut umwallt mich als Königsmantel, während dort, wo mein Kopf sein sollte, die Krone schwebt und durch mein unablässiges Träumen, Phantasieren, Meditieren und Lieben leuchtet. Diese Krone krönt Dich. Sie ist aus zärtlichen, unflätigen, schaurigen, finsteren, sehnsüchtigen, erbaulichen und weichen Worten gehämmert und geschmiedet; aus Drohungen, Schmeicheleien, Lobreden, Gebeten, Unterstellungen und Geistesblitzen, gewiß: den Geistesblitzen einer verirrten, aber – zweifellos – technisch äußerst versierten Seele. Ich will es nicht leugnen: ich trachte töricht danach, von Dir als Träger dieser Krone anerkannt zu werden; ich, der Händler billiger Huren, empfehle mich Dir als Verbündeter, Krieger, jungfräulicher Paladin, König. Ich weiß, Du könntest, willst mich aber nicht befreien von dem versteckten Spott dieser Haushofmeister, die mir überallhin folgen – dieser Engels-Karikaturen, die ich an keinen wirklichen und mit Namen versehenen Ort schicken könnte, die mir aber folgen, damit der Schein meiner Macht und meiner Gesalbtheit nicht schwindet, und damit gleichzeitig das Bewußtsein nicht schwindet, daß sie – auch wenn sie noch so viel Leid mit sich bringt – nichts weiter ist als ein Scherz, eine falsche Karte, ein Betrug, eine Bewegung flinker und trockener Hände, ein Wortspiel in einer toten Sprache. Glaubst Du wirklich, Unerreichbare, daß ich auf die Erhabenheit meines Bettlertums verzichte? Bin ich – der blinde Bogenschütze, der verkrüppelte Verfolger, der stotternde Sänger, selbst Haushofmeister und Diener der Haushofmeister – nicht eben durch meinen Irrtum König, durch meine Niederlage Sieger, durch mein restloses Blutvergießen stark? – ein stummer Besitzer von Worten, die kein Wortschatz enthält: meine und Deine zarten, schmeichlerischen Worte, mit denen Du mich zum König machtest über mich und Dich – Du, die Du aus Deinen Händen Kronen gebierst, aus Deinen Krönungshänden, Liebe.

Mit dankbarer Ruhe begrüße ich das erloschene Feuer meines Phantasierens. Es ist die Stunde, in der die Halluzinationen erlöschen und die himmlischen Angestellten die Polarlichter forträumen. Auf der Straße fegt jemand zerbrochene Träume zusammen. Seelen urinieren. Geizig und gelassen wie ein greiser Juwelier berühre ich nacheinander die nicht kalten und nicht lauwarmen und für mein Vorhaben geeigneten Steine. Ich empfinde keine Nachsicht, aber eine verhaltene Liebe gegenüber diesen zarten und wahrscheinlich nutzlosen Härten. Ich bin Spezialist für unnütze und komplizierte Dinge wie der Blumenhändler und der Gong, der seine Klänge auf den Wind einstimmt. Der spöttische Juwelier ist privilegiert, eingeweiht. Er verkehrt nicht mit der Liebe. Ich bewundere seine Klugheit und sein mißtrauisches Handhaben der Steine: es zeugt von der Erfahrung eines alten, sehr alten Mannes. Er ist ein Mann, der an Schweigen und Kopfrechnen gewöhnt ist. Ich zittere: was geschieht, wenn er auf gemeine, trügerisch funkelnde, lügenhafte, oder arme, sterbende Steine stößt? Er ist der Scharfrichter der Steine, aber nicht ihr Mörder; er tötet mit präzisem, nicht feindseligem Handstreich. Wie der Juwelier prüfe und schätze ich die bleichen, rauhen und faltigen Rinden der Bäume; in diese Rinden könnte ich Botschaften ritzen, die ebenso unverständlich wären wie die Deinen. Doch für Dich gibt es keine unentzifferbaren Botschaften. Ich würde Dir also Zeiten und Orte für ein Stelldichein vorschlagen, aber Du wärest unter keiner Bedingung neutral; Du würdest nicht zu spät kommen wollen – das wäre vulgär; Du wärest im Gegenteil bereits dagewesen und wieder fortgegangen und hättest in der Luft jener Stunde das Aroma Deiner Abwesenheit, den Gummihandschuh Deiner Gewalt zurückgelassen – ein Indiz, das mich tödlich verwundet und mir gestattet, nicht zu sterben. Nun könnte ich freilich gleichfalls zu früh kommen, um Dich auch sicher anzutreffen, und könnte auf ewige Zeiten oder anderthalb Zeiten lang Dein Kommen erwarten. Du verrätst Dich mit keinem Wort und erscheinst in Verkleidungen, die ich nicht zu entlarven vermag. Vielleicht als jener lächelnde Haushofmeister. Oder eine Handvoll Blätter im Kampf mit dem Wind. Oder Du bist die Botschaft, die ich Wort für Wort niederschreibe, hast also bereits eingewilligt, bist meine Einladung, und ich halte Dich ahnungslos in der Hand und meine

Frage ist Deine Antwort. Aber auch dieses habe ich gelernt: daß nichts Verächtliches daran ist, genau das zu sein, was ich anzettele, um Dich zu gewinnen; denn auch Du durchläufst ja die verschlungenen Wege eines Plans, den Du nur durchlaufen kannst dank der Verkleidungen, Masken und Erniedrigungen, die Du gebrauchst, um hierher zu gelangen – auch wenn ich gar nicht weiß, wo und was dieses »Hier« eigentlich ist.

Ich merke, daß ich Dir noch mehr, ja vermutlich sehr vieles zugestehe: Pünktlichkeit, Fleiß, Erfindungsgabe, Eifer. Aber vielleicht gestehe ich das alles mir selbst zu, bezeuge es mir selbst. Da ich keinen Beweis dafür habe, daß Du hier bist, bilde ich mir selbstgefällig ein, Du wärest hier und ließest meine vorsätzliche Wut nicht außer acht, der ich es verdanke, daß ich mir – wie Du gütig bemerken könntest – Hände, Gesicht und Zähne zerschinde. Um mich zu erreichen und Dich erreichen zu lassen, mußt Du vermutlich – nicht anders als ich auch – etwas Falsches, Vorgetäuschtes, Verhextes sein. Unter den Edelsteinen auf meiner riesigen Hand erkenne ich einen fingierten falschen Stein; Du bist unnatürlich, widernatürlich, pervers gegenüber allem, was keine Maske trägt. Es ist dermaßen natürlich, daß wir uns nie begegnen, daß unsere gegenseitige Abwesenheit schon wieder eine metaphorische Art des Zusammenseins ist. Meine Verkleidungen sind nicht glaubwürdig, Du siehst, mein Körper ist mit Löchern durchsetzt, ich vermische Exkremente mit Unsterblichkeit; »Da ich keinen Beweis dafür habe, daß Du hier bist« – eben: warum sollte ich sonst gerade Dir schreiben? Du weißt es ja sowieso seit jeher, laß es mich nicht ständig wiederholen: nichts an Dir gefällt mir so sehr wie Dein Nichtvorhandensein.

Ich habe Dich also gerufen und Du bist gekommen. Ich habe mich an Dich als an etwas Bevorstehendes gewandt, und das Bevorstehende tritt mir entgegen; Du bist die Nacht, die über jenen dunklen, gespenstischen Tag, den wir vereinbart hatten, hereingebrochen ist. Diese totale Nacht ist gegen die Vereinbarung. Du hast mir die Bäume genommen, es gibt kein Hoch und kein Tief mehr, kein Wo und kein Woher. Wenn ich stillstehe, merke ich, daß ich laufe, wenn ich fliehe, gehe ich voran, wenn ich am Ziel bin, finde ich mich verlassen. Mein Körper – dieses schäbige, auf Raten gekaufte Kleid, ohne das ich indes die Nacht nicht kennte –, dieser Körper zittert. Ich bin jetzt unausweichlich im Zentrum. Ich weiß, daß wir uns noch nie so nah und so fern waren; noch nie hast Du soviel Existenz und Nichtexistenz erreicht. Kein Stern, keine Lichtfigur kann in diese Finsternis eindringen, es gibt keinen Himmel und kein Gespensterleuchten und kein Wo, darin nicht Nacht wäre. Ist also diese Nacht die endgültige Verkleidung, von der ich sprach? Du hast meine Frage angehört – aber konntest Du mir nur unter dieser Bedingung und auf diese Art antworten? Ich kann Dir nur meinen Körper, mein Knochengerüst und mein Blut mit Widmung anbieten; Du aber herrschst über die Finsternis und regierst alle »Neins«, und Deine Verneinung trifft mich ahnungslos mit dem ganzen Ungestüm des »Ja«. So hätte ich, der ich jetzt Dein Scheiterhaufen bin – ich, die Hochzeitsfackel, die Flamme, die Glut – nicht genug Feuer, um meine Nägel anzuzünden und aus dem Zentrum meiner Sphäre herauszusehen? Laß mir Deine Nacht: es gibt keine Umarmung, die nicht nächtlich wäre; wenn Du aber selbst diese Nacht bist – auf welche Weise kann ich Dich dann mit meinem Körper bewohnen? Oder bewohne ich Dich bereits, da ich für Deine

Nacht – für Dich, die Nacht – nichts anderes tun kann, als Dir dieses lichtlose Feuer anzubieten, das immer brennt und keine Wärme besitzt, die sich mit meinen Gliedern verträgt.

Nicht in dieser Nacht, mein Schrecken und meine Liebe! Welch ein Dilemma zwischen Scheiterhaufen und Frost! Entzünde mich wie eine billige Festbeleuchtung – aber Licht – gib mir Feuer, ertrage die Hitze der Glut, damit ich Dich auf diese Weise – brennend – sehen kann, Liebe.

Du wirst sagen, meine Sprache sei unnötig emphatisch; ich möchte aber nicht, daß Dir – nur weil ich meine Stimme erhebe und mich bewege, als wärest Du in dieser Nacht bei mir –, ich möchte nicht, daß Dir die Angemessenheit meiner Bitte, meines Antrags entgeht. Ich bitte Dich, nimm meinen liebenden Scheiterhaufen an, auf daß Du Dich mir im Lichte meiner selbst, der ich mich in dieser anmutigen Gestalt verzehre, offenbaren und einen Augenblick des Zusammenlebens bestimmen kannst zwischen meinem ersten Aufflackern für Dich und meinem Verglühen. Als Rhetor der Finsternis und des Feuers bin ich bereit, aus mir für mich ein blitzartiges Oxymoron zu machen, ein finsteres Licht, das ich durch die Eingeweide dieser Nacht schleudere, um Dich zu sehen und nie mehr zu sein.

Die Nacht zieht sich zurück; aber Du weißt ja, wer einmal die Nacht erfahren hat, kann nie mehr derselbe sein, der er war; sein Inneres ist verfinstert und seine Hände sind Finsternis. Immer und bei allem, was er tut, überlegt, mühselig plant und verliert, ist fortan ein Gefühl dabei, das dem Juwelier bestimmt nicht entgehen würde, das aber kein anderer wagen würde, als

Anzeichen der Verdammnis oder der Rettung oder – mich zweiteilend – als beides anzusehen. Ich werde nichts mehr berühren können, ohne die Spur eines nachtleuchtenden Tiers zu hinterlassen, und die dunklen Pausen zwischen meinen Worten werden meine geduldigen Gesprächspartner verwirren, es sei denn, ich treffe jemanden, der gleichfalls Nachterfahrung hat und mir eine Spur verrät, auf der ich meine gefahrvolle und beharrliche Reise fortsetzen kann – dieses Zögern, Rückwärtsgehen, Rasten, Fliehen, Angreifen, Losschnellen und Zielen, womit ich Dich pfeilschnell verfolge, Liebe, und womit Du mich pfeilschnell verfolgst.

Im Laufe der Nacht – dieser schläfrigen Diebin der Zeit – habe ich alle meine Stunden, Sanduhren, Sonnenuhren und Stundengläser verloren; das Sterben der Wochen, das Verwelken der Tage, wie vergessene Blumen auf einem unschicklichen Grab, alles ist nun vollzogen; ich höre, wie die Sekunden knirschen – dieser weiche Sand aus Körpern, die niemand je wieder zusammensetzen kann; Momente zucken vorbei, die nicht mehr jahrhundertelang dauern. Du möchtest vielleicht, daß ich Dir eine Kette aus Jahrtausenden flechte? Ich kann es nicht, sieh doch, sie sind zu kurzlebig, sie verwelken schon. Jemand veranlaßt die Rückgabe der Dämmerung, und die vom Existieren befreiten Dinge eilen zu ihrem in der Partitur verzeichneten Platz. Ich behalte diesen Todesrest zurück, dies Büschel Nacht, das mir selbst entsprießt, eine tonlose Silbe, die sich an das zarte Fleisch meiner Lippen geheftet hat. Ich bin das Schwert, das diesen Wappenschild aus Finsternis verteidigt.

Auch meine Nägel haben Wappenform. Nacht berührt Nacht.

Das gesellschaftliche Leben kommt wieder in Gang; die unermüdlichen Dämonen der besonderen Effekte waren in der Heide tätig, und ein zarter, zweideutiger Haushofmeister weist mich auf ein unveröffentlichtes Bild hin. Eine kompakte Pfahlmauer zieht sich durch die Heide, etwas wie ein altes Heerlager oder eine befestigte Stadt steht vor meinen Augen; in der Mitte öffnet sich ein Eingang; das Holz ist alt, morsch, brüchig und zersplittert; jemand möchte den Eindruck erwecken, daß diese Pfahlmauer sehr alt sei; vermutlich war sie schon immer da. Soweit ich erkennen kann, bildet die Pfahlmauer ein endloses Quadrat; vielleicht steht wirklich eine Stadt vor mir, eine Hauptstadt, *die* Hauptstadt. Aber der Geruch von Hinfälligem, Kraftlosem, Verbrauchtem verbietet mir, an Deinen Palast zu denken. Ein sanfter Wind bringt mir den Geruch von Moos und winzigen toten Tieren herüber, indes von jener Struktur ein seltsam finsterer Hauch von Schabernack ausgeht. Der Eingang liegt vor mir. Die Haushofmeister sehen mich fragend an: es ist deutlich: sie denken, daß ich eintreten könnte, aber vielleicht nicht sollte. Jedenfalls können sie mich nicht begleiten. Ihre Würde ist zugleich bedroht und unangemessen. Ich habe also meine falsche Königswürde wieder in der Hand; indem ich sie darstelle, ermahnt sie mich, meine Aufgabe nicht zu vernachlässigen: ich muß eintreten. Langsam gehe ich auf den Eingang zu, aber jenseits der Pfahlmauer sehe ich nichts. Ich muß also bis zur Schwelle vordringen. Bewege ich mich auf einen Betrug, einen Hinterhalt zu, oder ist dieses Lager ein trotziger, nunmehr verlassener Ort – eine Bastion der Wüste? Ich werde nicht fliehen. Auf der Schwelle angelangt, bleibe ich stehen. Es könnte eine große Theatermaschine sein, doch irgend etwas sagt mir, daß es sich um etwas anderes handelt. Große

Bauten ragen getrennt empor, wie einzelne Königspaläste. Heruntergekommene, verfallene Gebäude; Fenster, nur noch mit Splittern von Glas; Türen, die seit Jahrhunderten niemand mehr geöffnet oder geschlossen hat. Die Mauern senken sich bereits, die Straße ist ein trockener Sumpf. Fünf Gebäude, fünf Königspaläste; drei zu meiner Rechten, einer zur Linken, einer vor mir. Ich bin sicher, daß diese Paläste nicht unbewohnt sind. Jemand lebt in dieser Stadt. Jemand hat versucht, diese finster erhabenen Gebäude weniger zu retten, als sie mit einer künstlichen Würde zu umgeben. Man hat Spinnennetze entfernt, die sich schon emsig wiederweben. Und überall empfängt mich – nicht ohne Wohlwollen – ein seltsamer Modergeruch, ein penetranter, feierlicher Gestank. Zahllose Holzwürmer und Ratten arbeiten an diesen gewaltigen Gebäuden, ihren einsturzgefährdeten Dächern, den verstümmelten Laubengängen; der Pomp des Endes, eine leichenhafte und zarte Pracht beherrscht diese todeslüsternen Paläste. Ich drehe mich nach den Haushofmeistern um, die in einer unnatürlichen Entfernung verharren und meinem Blick ausweichen, fast als wären sie Mitwisser und Komplizen eines Komplotts, das sie mir um meiner und ihrer Unwürde willen nicht erklären wollen. Was immer ich tue, ist außerhalb des mir Erlaubten, und zugleich erbärmlich und irreparabel. Ich weiß, daß ich den Haushofmeistern als jene Verbindung von Feigheit und Wagemut, von Schmutz und tadellosem Stil erscheine, die sie für sich nicht erstreben dürfen. Es besteht kein Zweifel, daß diese in einen Zauber widerlicher Gerüche verstrickte Stadt der baufälligen Königspaläste nur für diejenigen zugänglich ist, die die Auszehrung der Nacht erfahren haben. Die Nacht ist den Haushofmeistern demnach erspart oder versagt geblieben; ich frage mich, ob sie wissen, was ich an diesem ausgefallenen königlichen Ort finden werde. Wissen sie, daß alles irgendwie mit Dir zusammenhängen kann? Wollen sie mir einreden, daß Du hier bist, oder daß im Gegenteil gerade hier der Betrug Deiner Abwesenheit sein Ritual zelebriert? Wenn ich ihnen eine Frage stellte, würde keiner von ihnen mich einer Antwort würdigen, und ich könnte höchstens von dem einen oder anderen ein vorsichtiges Lächeln ernten, schlau und anzüglich, aus blicklosen, kunstvoll gedemütigten Augen. Macht euch nicht lächerlich! Als ob ich nicht wüßte, daß nicht ich, sondern gerade ihr unzerstörbar und unsterblich seid! Warum würdet ihr mir sonst auch folgen, wenn nicht wegen dieses einzigen Privilegs, das ihr nicht genießt: meinem Willen, zu sterben? Meine Königswürde, die mich bezwingt, ist nur der Mantel meiner Sterblichkeit. Mit einer knappen Geste erkenne ich ihren Gehorsam und ihr Schweigen als gerechtfertigt und klug an und überschreite die Schwelle des Festungswalls. Fäulnisgeruch bedeckt die Stadt. Staub von Zerfallenem umweht die Gebäude. Wer sie bewohnt hat oder vielleicht noch bewohnt, ist zweifellos bedeutend und auf irgendeine Art mächtig – wie, weiß ich nicht. Während ich darüber nachdenke, vernehme ich aus dem Gebäude zu meiner Linken ein Geräusch von Schritten, einen undeutlichen Klang, zögernd und ruhig, wie von jemandem, der Zeit hat, viel Zeit. Ich höre ein Knarren von Stufen, knirschendes Holz. Die Schritte sind leicht, wie von einer zarten und edlen, hoheitsvollen Gestalt, wahrscheinlich mit einer Schleppe. Ächzend öffnet sich die unermüdliche Tür zum Laubengang einen Spaltbreit, und es erscheint eine weibliche Gestalt. Sie trägt sorgfältig zerrissene, behutsam, mit Methode und Liebe mißhandelte Kleider und ausgetretene Schuhe; ihr Gesicht ist von einem kränklichen Schal, einer Agonie aus farblosem Stoff geschützt. Und doch irre ich mich nicht: diese unbekannte Frau strahlt würdevoll Anmut und Macht aus. Langsam wende ich mich ihr zu und verneige mich, wie um mich zu ihrem Untertan und Getreuen zu erklären. Die Dame lächelt hinter dem Schleier. Ich weiß, daß sie lächelt, denn ich sehe alle ihre Zähne. Dann enthüllt sie ohne Hochmut ihr Gesicht und nimmt mich in ihr Königreich auf; ich weiß jetzt, daß ich im Leprosorium der Königinnen bin. Das Gesicht ist von einem schweigenden Leiden zerstört; es besitzt keine Lippen und die Zähne müssen notgedrungen immer lachen. Die Hand, die den Schleier zurückgeschlagen hat, zeigt abgebrochene Fingerknöchel. Die aussätzige Dame empfängt meine Ehrbezeigung mit einem wohlwollenden Nicken ihres schwankenden Kopfes. Dann hebt sie die Hand und deutet auf etwas zu meiner Rechten. Ich wende den Blick und entdecke vier Königinnen, die aus ihren getrennten Palästen herausgetreten sind und mich ansehen – in offensichtlicher Erwartung meiner Ehr- und Gehorsamsbezeugung. Und das zu Recht, denn jede dieser Frauen ist Königin.

Ich studiere ihre Züge – halb Fleisch, halb Haut und Knorpel, vom Siechtum verschnörkeltes Pergament, ziselierte Körper. Dann schiebe ich die Lumpen beiseite und inspiziere die Schuhe der Macht; ich genieße diese mühselige Verwandlung in ein Objet d'art, gebrauchte Gegenstände, verweste und wuchtige Wappen, leise körperliche Demenz. Der Himmel ist der Abstellraum eines Trödlers. Ich forsche, ob sich hier, in diesen Gesichtern, Dein Gesicht verbirgt. Ich könnte Deine Knochen wiedererkennen: es ist nutzlos, daß Du Dich mit Wunden maskierst. Während ich vor ihnen kniee, beugen sich die Königinnen zu mir herab; vorsichtig prüfe ich den unterschiedlichen Modergeruch ihrer Körper – kostbare Wohlgerüche vergetäuschter

Oriente. Du kannst Dich als Leichnam verkleiden, kannst alle Deine Finger verlieren – den Ringfinger verlierst Du nie. Die aussätzigen Königinnen lächeln mir zu, ja sie lächeln immer. Im Bewußtsein meiner Nichtigkeit wage ich nicht, das Wort an sie zu richten. Soll ich sie nach Dir fragen? Die Lepra ist eine ganze Enzyklopädie von Informationen, aber wer nicht leprakrank ist, kann sie nicht aufblättern; ja, das ist das passende Wort. Du hast mich nicht getäuscht; hattest Du gehofft, die Faszination Deiner Königswürde ließe keinen Widerstand zu? Glaubtest Du, ich würde meine Hand in Deinen Stumpf legen, um meine glatte Haut durch Deine sublime Zerstörung adeln zu lassen? Diese Edeldamen sind nichts weiter als fleißige Lehrmädchen des Nichts, während Du über das Nichts regierst. Ich werde mich also verabschieden. Die Königinnen haben begriffen, und ich verstehe, daß ein uralter geheimer Schmerz ihre kaum zusammengehaltenen Körper schüttelt. Sie wollen Liebe. Sie warten auf den Bräutigam; seit Jahrhunderten zerfressen die Motten den Glanz eines Hochzeitskleids. Ich gehe zum Ausgang zurück; ihre Würde verbietet den Königinnen jede Geste, um mich zurückzuhalten; sie würden mir ihre Königreiche, die Macht und einen nichtmenschlichen Prunk anbieten. Ich verneige mich nochmals und gehe hinaus. Ich vernehme ein Ächzen: irgendwo bricht eine morsche Stufe zusammen. Die Haushofmeister sehen mich vorsichtig an, ihr Schweigen drückt Ironie aus, nicht Haß.

Ich lache über Deine uralte Schläue, der mein Leben einen unverrückbaren Sinn abgebettelt hat. Die Laszivität Deiner Verweigerung. Die unbarmherzige Sittenstrenge der düsteren Träume, die Du mir gewährst. Deine zweifelhaften und geheimnisvollen Zeichen; Deine zweideutigen Gesten, das Gras, das Aufbrausen des Windes, ein Klirren von öder, glasklarer Luft, die sich nicht schamlos dem Regen ergibt, zu Wolken geballte Luft, Aufruhr des Windes. Obgleich niemand das Wort an mich richtet, dringen Stimmen zu mir – Nachrichten und Geflüster über Deine Ehebrüche und Hafenviertel-Genüsse, über Sperma, billig von zerstreuten Handelsvertretern gekauft, über Verwandlungen in Kinäden und über Keuschheitsgelübde, die eigens abgelegt wurden, um sie zu deflorieren. Jemand hat den Schatten gesehen, hat Dich erkannt im Entweichen des harten Lichtgolds aus dem Deinem Körper zugewiesenen Raum. Blätter und Vögel tuscheln über Deine Winzigkeit einer Kaulquappe, so daß Du im Tau schwimmen kannst. Törichte Königin – wozu alle diese Verstellungen? Ich spüre, daß Deine Sanftmut und Deine Seelenzartheit eitel und vergeblich sind, da Du auf nichts zugehen kannst, ohne es zu töten und zu zerfleischen. Welches Spiel spielst Du jetzt, da meine Sanduhr endgültig abläuft? Ich hege den Verdacht, daß ich auf einem Schachbrett gefangen bin: die Bewegungen der Gespenster um mich herum sind nicht zufällig: ihre Schachzüge kreisen mich ein. Trotzdem möchtest Du nicht gewinnen, denn das brächte Dich in allzu spürbare Nähe. Du wirst also verlieren. Doch in dem Augenblick, in welchem ich Dich schachmatt setzen müßte, wärest Du schon wieder woanders und würdest leugnen, mit mir gespielt zu haben, oder behaupten, es hätte sich um ein anderes Spiel gehandelt, das Du – gelangweilt und böse – jetzt nicht mehr spielen willst. Wenn Du mich töten möchtest, dann bin ich bereit, Deine Zielscheibe zu sein; aber die zweideutige, journalistische Intimität eines Mordes interessiert Dich nicht. Ich möchte Dir den Obolus meiner Existenz vor die Füße schleudern, um Dich wägbar und weltlich zu machen.

Einen Obolus, habe ich gedacht; ich muß also unweigerlich auch an die Hand denken, für die er bestimmt ist. Zum ersten Mal kommt mir der Verdacht, daß ich nicht nur von einer einzigen Hand spreche, sondern von unzähligen und vielleicht nicht nur menschlichen Händen. Ich habe Dich immer als einzelnes Bild gesehen und gesucht; jetzt muß ich Dich überall auf meinem Reiseweg verstreut wähnen. Wo immer ich suche, muß ich Dich vermuten, auch wenn ich Dich nicht sehen kann. Dank der Träume kenne ich Deine Stimmen: eine zarte und ein wenig falsche, tonlose Stimme, aber vertraut und mit behutsamer Zärtlichkeit zu handhaben; dann plötzlich die ordinäre Stimme eines hinterhältigen und bösen Weibs; aber sie erschreckt mich nicht: Dein trüber Scherz lockt mich an: beide nur Schatten, verlangt Dein Schatten nach meinem Schatten; ich kenne einen Lockruf von Dir, dem ich kein Gesicht verleihen kann: einen langsamen und lüsternen, törichten und wilden Ruf, vermischt mit den Ausdünstungen eines Tiers, das sanft ist vor Angst; ich höre Dich, Vogelgezwitscher oder Schlangengezisch, hauchdünner Tierflötenton; die Unverschämtheit einer Stimme, die in einer unbekannten Sprache spricht, das Zotenreißen der Engel; und da kommt mir in den Sinn: ich habe Dich als Engel der Gifte gekannt. In der Stadt, deren Schlüssel ich Dir ins Gesicht geschleudert habe, bewohnst Du das Königsschloß, den Palast der Werke der Gerechtigkeit, wo die lebendigen Glieder sorgfältig vom Körper abgetrennt werden; Du wohnst in einer abgeschiedenen Zelle und ernährst Deinen zarten, durch die unnatürliche Andachtshaltung verkrüppelten Körper mit Brosamen, Kräutern und Wasser; Gespräche führst Du nur mit der Barmherzigkeit Deiner Hände. Wer aber trotzdem mit Dir sprechen und Dich berühren will, der muß bis zum unzüchtigen Ort des Bordells im Hurenviertel vordringen, wo Dein Körper sich in einen Dirnenkörper, eine Kupplerinnenfigur und das Profil der lösegeldbringenden Frau spaltet; und Du bist besudelt mit namenlosem Samen, achtlos gehandhabtem Blut und Obszönität, die sich in ein Fehlen berührbaren Fleischs verwandelt hat. Du bist eidechsengrün, mit unbehaarter, ekelerregender Haut; aber Du weißt ja, wie sehr ich alles Eklige, Ausgeschiedene, Unmenschliche liebe; Deine Dreiecksaugen verbergen Bedeutungen, die nicht zu unserer Welt gehören; es gibt indes keine von Dir bewohnte Welt, die ich nicht seit jeher kenne; ich sehe Dich Deinen Ursprüngen gemäß als Schlamm, lauwarmes Wasser, Insektengewimmel auf dem Gesicht. Du bist ein launenhaftes, luftgenährtes Chamäleon, und in Deinem leicht unheimlichen Körper sammeln sich Geometrien, Zahlen, verfaultes Moos, Schienbeine und blitzartige Farbflecken. Es gibt keine Seelen-Capricen in Dir, mit denen ich nicht umzugehen wüßte, und – wie ich mir anmaße – keine Schatten, Schluchten, nächtliche Sümpfe, keine vormitternächtliche Schweigestunde für Stimme und Bewegung, in die ich nicht einzudringen wagte; und Du bist jenseits, anderswo, in einer Zeit, die Dich bewahrt, die aber auch mir gehört, Liebe. Du wirst nie das Tor der Ephemeriden vor mir zuschlagen und auch den wirbelnden Wipfeln nicht Einhalt gebieten können, denn es gibt keinen Schwindel, der mich auseinanderreißt oder an Dich schweißt. Du bist die abgegriffene Spielkarte, die ich zwischen meinen Fingernägeln halte, und obgleich ich den anderen Spielern nicht ins

Gesicht sehen kann, weiß ich, daß sie alle nichtmenschlich sind – große wilde Räder, Zeichen im Tierkreis; vielleicht kennen sie Dich, die da spielen – oder tun sie nur so? Wollen sie mich reizen? –, um den Besitz Deines Körpers – ähnlich, zugleich, dem meinen, dem ihren. Meine Smaragdeidechse, mein Seeungeheuer, meine übelriechende verfaulte Alge, Entwurf einer Blume.

In der nunmehr wieder kompakten, jetzt schmucklosen und schlichten, und in Anbetracht ihrer hartnäkkigen Bedeutungsleere vertrauenswürdigen Stille – und während ich nicht ohne Langeweile im Geiste zusammenfasse, was wir übereingekommen sind, eine große Liebe zu nennen – nähert sich mir ein Haushofmeister und überreicht mir lachenden und tränenden Auges ein Briefchen (Billet doux?). Das Briefchen verkündet mir in kindlicher und boshafter Kalligraphie, daß Du gestorben bist. Oh . . ., natürlich erwähnt es Deinen Namen nicht und spielt auch nicht auf Dich an, sondern lediglich auf einen Tod, »der mir sehr am Herzen liegt«. Ich habe den Verdacht, daß aus diesen Zeilen eine makabre Lust zur Beglückwünschung spricht. Das Briefchen deutet mit nicht unkultivierter Frivolität auf die Leiche hin, die als »in gutem Zustand, wie neu« bezeichnet wird: ein kommerzielles Angebot, buchstäblich, fleischlich. Dann wird auf das Begräbnis hingewiesen: es soll an drei verschiedenen und weit auseinanderliegenden Orten zur gleichen Stunde stattfinden. Einer unserer alten Regeln folgend wende ich kurz den Blick ab und lese dann noch einmal: das Begräbnis findet an einem einzigen Ort, aber unzählige Male statt; hunderte sind in diesem Augenblick im Gange, während ich diese Anzeige lese, ganz gleich, was für ein Augenblick das ist; doch andere, zahllose, haben bereits stattgefunden; wieder andere werden in zehn, hundert, zweitausend Jahren stattfinden. Gibt es im Universum vielleicht einen Ort, der Deinen Leichenfeiern vorbehalten ist? Einen Ort, wo nichts anderes stattfinden kann Dein ununterbrochenes Begräbnis? Am Rande der Anzeige teilt eine unauffällige und verschämte Notiz dem Empfänger mit, daß in Anbetracht der Ungewißheit Deiner Geburt die Beerdigung einstweilen verschoben ist. Ich könnte nun in alledem auch ein weiteres Spiel vermuten; aber gerade der Anschein des Spiels macht mich stutzig. Wahrscheinlich ist etwas Wahres daran, auch wenn das Wahre so wenig zu Dir paßt wie eine schlecht gewählte Haarfarbe. Hast Du die Notiz vielleicht selbst geschrieben – in einem Augenblick der Erschlaffung, einem Halbschlaf, der an Deine Anfänge gemahnt? Möchtest Du mir mitteilen, daß Du, falls ich Dich überredete, ein Gespenst, ein Schatten, ein Nichts zu sein, nicht wünschen würdest, daß irgend jemand außer mir davon erfährt? Oder möchtest Du Dich durch das Erlügen und Verleugnen eines Todes absichtlich ähnlich und unähnlich zeigen? Ist es möglich, daß dieses Briefchen – warum nicht ruhig »Anzeige« sagen? – eine versteckte Landkarte ist, die mich darauf hinweisen möchte, wo ich Dich suchen soll, und mir gleichzeitig jede anmaßende Hoffnung raubt, Dich je zu finden? Hoffnungslos hoffend – lautet so das Motto, das Du vorschlägst? Oder bekennst Du Dich als eitles, schamloses und schlaues Weib, das jedem Liebhaber ein besonderes Begräbnis widmen möchte – für jeden sterbend – nur für mich, ausgerechnet für mich, findet nie ein Begräbnis statt. Und ich frage mich, was das bedeutet: bist Du nur darauf bedacht, meiner zermürbenden Verliebtheit auszuweichen, oder wirst Du – für alle gestorben – Dich nur mir endgültig lebend gewähren? In diesem Schabernack könnte sich auch eine Zustimmung verstecken, und um dieser Möglichkeit willen muß ich meine speckige, markierte und vermutlich gefälschte Karte ausspielen; ich weiß aber nicht, ob es ein Gegenüber gibt, das die vorsichtige Bewegung meiner Hand abschätzen und insgeheim auslachen kann.

Der Haushofmeister ist nicht fortgegangen; jetzt nähert er sich mir in seiner gespielt ironischen Art, die ich insgeheim schätze; er bewegt die Lippen, als ob er spräche, und zeigt zugleich mit einer unterwürfigen Handbewegung auf etwas, das offenbar für mich bereitsteht: so als wollte er mich auffordern, in ein Haus einzutreten. Ich folge der Geste mit dem Blick, und wie erwartet liegt vor mir der Friedhof – Deine Totenstadt. Von dem Punkt aus, an dem ich stehe, erstreckt sie sich in alle Richtungen, bis hin zum Horizont und weiter; meine Füße sind von Gräbern, Grabsteinen, Denkmälern und abgenutzten Tränenkrügen umgeben. In all diesen Gräbern bist Du begraben. Die Grabsteine verzeichnen einer nach dem anderen Deine besonderen Todesarten. Für tausende von Grabsteinen bist Du als Kind gestorben, in der Wiege von einer Schlange getötet, bei einem Feuer vermißt, geopfert, lebendig begraben, zur höheren Unschuld eines Turms. Es folgen Deine Tode als Heranwachsende: Dein Kopf zur Ruhe gebettet im trügerischen Frieden eines nunmehr beschwichtigten Zimmers; unzählige Tode in jedem Bruchteil einer Sekunde; oftmals getötet, ich weiß nicht, ob beweint, da ich nicht weiß, ob irgend jemand Dich gut genug gekannt hat, um Dich zu beweinen;

verschleiert angeklagt, vorwurfsvoll verantwortlich gemacht für Gesten, die man unmöglich aus der repetitiven Rhetorik eines Grabsteins ableiten kann. Es ist nicht unwahrscheinlich, daß Du den Text dieser Grabsteine selbst geschrieben hast, und daß nur Du allein weißt, was Du Verwerfliches und Unverzeihliches getan hast. Ich sehe Gräber, welche Daten künftiger Jahre tragen und andere, die ausdrücklich mehrere Tode verzeichnen und einen Tod, den Du vor Deiner Geburt gestorben bist – manchmal Jahre oder Jahrhunderte vorher oder – wie ein kunstvolles Spiel – am Vortag Deiner Geburt. Auf jeder der zahllosen Grabplatten entdecke ich frische Blumen, Spuren neuer Pflege, aufgelockerte Erde, brennende Lichter; aber jemand hat auch Tränenkrüge zerbrochen und unleserliche Buchstaben auf einen Grabstein gekritzelt – Zeichen des Zorns oder des Schmerzes. Gewiß: all das könnte auch ein gewaltiger und makabrer Scherz sein, eine spitzbübische Jagd nach Tränen, eine planetarische Koketterie. Und doch, wenn ich mir Deine zweideutige Natur vor Augen führe, dann drängt sich mir die Frage auf, ob nicht trotzdem etwas Wahres sei an diesem Deinem unzählbaren Sterben; als wären alle Tode Dein alleiniges Vorrecht, und Du hieltest sie in einem Behältnis unter Verschluß und verweigertest allen einen Tod, außer wenn er Dir abgebettelt wird und Du ihn mit eleganter Zerstreutheit spendest. Oder geht Deine Art zu sein von einem Tod zum anderen über, weshalb man Dich auf eben diesem Weg verfolgen und dabei töricht versuchen muß, einen Deiner Tode zu überspringen und vorn auf Dich zu warten? Deine unzähligen Gräber sind Orte der Tränen und des Gelächters, der Scherze und der Rätsel. Ich bemerke unverhüllt sarkastische Grabmäler: eine weibliche Figur mit geheimnisvoll verschleiertem Gesicht, halbnackt ausgestreckt mit gespreizten Beinen, zur Erinnerung an ein vorsichtig ausschweifendes Leben; anderswo gesellt sich die weinerliche Keuschheit einer Nonne ungewissen Glaubens zu einem sorgfältig geschminkten Gesicht, einer Kleinstadt-Maquillage. Mit plötzlicher Verwirrung gewahre ich einen Grabstein, den ein zweigeschlechtliches Wesen umschlingt, mit einer kalten Wunde am Hals und einem Gesicht, das lüstern ist nach sich und stumm, und ich sehe auch Grabsteine ohne Inschrift – wahrscheinlich aus Diskretion: sie spielen auf schändliche, unmöglich zu erzählende Tode an, auf heilige Tode, oder auf Entwürfe, Notizen zum Abgang, einfache und approximative Untergangsversuche.

Immer noch scheinbar sprechend begleitet mich der Haushofmeister zu einer schneeweißen Grabplatte, die an einer Ecke ein unleserliches und sinnloses Schild trägt; und eine Glocke: eine horizontale Tür. Der Haushofmeister läutet die Glocke und tritt ein wenig zur Seite; die Grabtür öffnet sich. Erd- und Schimmelgeruch schlägt mir entgegen; ich trete ein: wohin? In die Unterwelt? In den Königspalast, den Du Dir für alle Zeiten gebaut hast? Die Türe schließt sich wieder und ich befinde mich in einem großen, von einem leichten Lichtschimmer getragenen Raum. Das könnte auch die Unterwelt sein, wenn es sich nicht so verhielte, daß alle Gräber Deine sind. Gewiß, die Gefilde des Schlafs sind Dir untertan – die stillen Häuser, die Wiegen der Gestorbenen und der Ungeborenen. Ich grüße Dich, Königin der Euphemismen!

Ich untersuche die Wände, die keine Festigkeit besitzen, und erkenne das Depot der Profile. Sie liegen ordentlich geschichtet übereinander – alle möglichen Profile aller möglichen Existierenden, an allen Orten, in allen Welten. Die Profile haben weder Fleisch noch Geschlecht noch Alter; sie sind flüchtig in die Luft gezogene Lichtlinien, knochenlose Zeichnungen, Skizzen. Ebenso wie ich Deine Gräber nicht zählen kann, kann ich diese Deine Profile nicht zählen. Ich weiß, daß ich mich nicht verlocken lassen darf, und werde deshalb Dein Profil unter diesen Profilen nicht suchen; aber ich werde annehmen, daß alle in irgendeiner Weise – ohne es zu kennen – auf Deines anspielen. Ich werde meine Ergebenheit und dieses und alle meine sonstigen Leben nicht in einem verzweifelten Inventar verzehren. Du hast diese Züge allen möglichen Arten der Liebe gewidmet – der schmutzigen, der abstrakten, der anmaßenden und der sanften – und diese Vorstellung beschert mir eine staunende Fröhlichkeit, gepaart mit einer frommen Erschöpfung.

Ich entferne mich und entdecke alsbald, daß ich mich an einem beunruhigenden und sarkastischen Ort befinde: hier werden die Bilder der Liebe, die Modelle der Leidenschaften und die vorläufig noch namenlosen Karteikarten des Liebestaumels gesammelt – jene Projekte also, zwischen denen die Schwerfälligkeit unserer Existenzen sich hingeschleppt und wundgerieben hat. Dies ist der Katalog der zerfetzten Glieder, der zerbrochenen Seelen. Wieviel Hohn hat sich in diesem unterweltlichen Königspalast eingenistet! Und ich kann – wir können nichts anderes tun, als diesen Hohn zu verhöhnen und in das reglose Lachen das Verlachen einzubeziehen. Es gibt viel Unheimliches und Tragisches in dieser Lagerhalle der Liebe: die Liebesscheiterhaufen mit ihren falschen und verzehrenden, kindlich getreu gezeichneten Flammen, die Symbole vereinter Hände, und ein ganzes Universum: Ehegräber, Hochzeitstorten, Doppelsarkophage mit Leichentüchern aus Jaspis, verglaste Coup-de-foudre-Augen, Küsse und Speichel, Präservative, Sonette, Dildos, Dolche für ungetreue Kehlen, Epistolarien für künftige Liebende, kunstvoll gebrochene Herzen, Küsse von einsamen Betten, tränenbenetzte und schlaflose Kopfkissen, Träume, beharrlich wiederkehrende Traumbesessenheiten, verzweifelte Verabredungen mit der Geliebten, die sich in Luft aufgelöst hat, aufgeschlitzte Matratzen, aneinandergeknotete Bettücher für die Flucht ins Glück, Vitrinen voller Ringe für alle möglichen Hände, Foeten in Formalin, Haufen frisch verwester Ringfinger. Schweißgeruch, hinfälliger Schmutz, verächtliche und beseligende Vertrautheit des Körpers – Genitalien und Seele.

Liebe ..., ich habe nun also freien Zugang zu allen Schanden und Erniedrigungen der Liebe; ich genieße die Schmach meines Körpers. Kann ich Dich nicht in das Netz dieser Nacht locken, die nur den Körpern vertraut ist – Dich nicht Deiner Abwesenheit entreißen? Dich mit Körperlichkeit anstecken? Was also lehnst Du ab: die ruchlose Lizenziertheit des Körpers oder die schlaue Manipulation der Liebe? Du bist das »Nein«, aber die Huldigungen gehören mir.

Ich setze meinen Weg fort, der Boden ist abschüssig, ich steige hinab; ein Gestank von Verwestem und Verwelktem umfängt mich – von etwas, das ich kenne, aber nicht sehe und nicht beschreibe. Du also, niemand anderer, bist die Königin der Lepra, und dieses kann nichts anderes sein als das Zentrum und der Zerfall – die Entwürdigung, die dem Zentrum innewohnt. Ich verneige mich vor Deiner verwesten Unendlichkeit, die

Luft trägt mir den Geruch eines Lächelns zu – vielleicht eine Zustimmung.

Ich lasse nicht ab, Dich zu lieben, zerfressene, verwitterte, leuchtende, phosphoreszierende Königin; majestätischer Aussatz; unsterbliche Sterbliche; unbeschließbarer Verfall. Wunderbares Grauen: verlange von mir, daß ich Dich liebe: ich werde Dir dienstbar und treu sein, Dein Auftragsmörder, Minister Deines Gestanks, Zeremonienmeister all dessen, was bei Dir Begräbnis, Hochzeit, Begattung, Almosen, Bevorzugung, Empfängnis und Gemetzel zugleich ist. Ich? Dein verliebter Diener, komme – Du weißt es sicher – vom Leprosorium der Königinnen: von dort also, wo Du nie gewesen bist, wo aber der Staub Deiner zerfallenen Fahnen die Luft erfüllt. Ich bringe Dir Huldigungen dar, Huldigungen; jene artigen Damen aber sind nur sonntägliche Hausfrauen im Vergleich zu jenem wundersamen Ungeheuer, das sich hinter Deinen Blikken verbirgt. Du wohnst also in Dir, Pächterin Deines endlosen Körpers; durch Deine Wunden laufend kann ich in Dein Zentrum eindringen. Deine wundenbedeckten Genitalien – blutige Skizzen – bilden den Anfang meiner Reise. Ich gehe auf Dein Zentrum zu, trete ein, bin in Dir, Königin, Krankheit, einbrechende Dunkelheit, Höhe.

Fasergeflecht fleischlichen Nebels; Fingernagelschwärme; fernes Rollen eines gänzlich pupillarischen Auges; warmer Zustrom von Blut; ein Flüstern, das tödlich und vollkommen verliebt sein kann; das Gefühl, verloren und angekommen zu sein – ich weiß nicht wo. Ich weiß nicht, ob diese Indizien darauf hindeuten, daß Du auf irgendeine unerreichbare, vollkommene und unübersetzbare Art trotz allem existierst; oder daß alles nur ein Wahn von mir war und mein ganzes Leben eine überspitzte Halluzination. Ich vermute, daß jetzt alles klarer ist, und daß ich mich selbst besser mißverstehe, wenn ich Dich endgültig von der Inexistenz zerfressen wähne. Ich wurde verführt, aber nicht enttäuscht. Alles war ganz unbeschwert, von Anfang an, ohne Bitterkeit und Hohn. Du hast niemals geträumt, aber auch niemals »nein« gesagt. Gab es etwas anderes, das Dir erlaubt hätte, mich nicht zurückzuweisen, außer Deinem Unwillen zu existieren? In Wahrheit kannst Du mich jetzt nicht mehr zurückweisen, ebenso wie ich nicht aufhören kann, Dich zu lieben. Eine sophistische Spitzfindigkeit, wirst Du sagen: widerlege mich, wenn Du kannst. Nie geboren, treu und beständig, werden wir uns auf keine Art und zu keiner Zeit trennen, und es gibt auch keine Möglichkeit, Dich zu vergessen oder mich von Dir zu entfernen. Du existierst nicht, und ich – Du hast mich überzeugt – *ich* existiere nicht, Liebe.

A So wollen wir denn über die Liebe sprechen.

B Ja, und wir werden gut daran tun, zumal wir beim Gespräch über die Tugend, den Tod, die Flucht und über die Abschaffung des Seins immer und einzig von Einsamkeiten und Abstraktionen gesprochen haben und also trotz des Dialogs nie aus dem Monolog herausgekommen sind.

A Während doch die Liebe eine Bewegung der Seele ist, welche nach einem Empfänger verlangt.

B So scheint es mir.

A Also: es gibt in der Liebe einen Liebenden und einen Geliebten.

B Wer liebt, muß *etwas* lieben.

A Etwas, das existiert? Oder kann man zufällig auch ein Inexistentes lieben?

B Ein Existentes, so nehme ich an.

A Ein Geliebtes und Existentes – und, wie ich annehme, unterschieden von dem, der liebt, und niemals mit ihm vermischt.

B Natürlich, beharrlich unterschieden.

A In jedem Fall.

B Gewiß, in jedem Fall.

A Und ist Deiner Meinung nach die Würde der Liebe mehr demjenigen anvertraut, der liebt, oder demjenigen, der geliebt wird?

B Demjenigen, der liebt, so glaube ich; selbiger nämlich leidet, grübelt, grämt sich, regt sich auf, gerät außer sich, wird nachtwanderlisch und schlaflos, ver-sieht sich und sieht nicht; also: wenn es den Liebenden nicht gäbe, was wäre dann das Objekt der Liebe? Nicht angerührt von der Liebe, wäre es ein armselig Ding, in allem den anderen möglichen Liebesobjekten ähnlich, welche aus ihrer Einsamkeit auf keinen Fall herauskommen.

A Demnach sagst Du, daß die Würde der Liebe, ja die Liebe selbst, Privileg des Liebenden ist?

B So ist es.

A Aber denkst Du, daß der Liebende seine Liebe einem beliebigen Objekt zuwenden kann? Was ich damit meine, ist dies: ist dieser gleichgültig gegenüber Schönheit, Anstand, Weisheit, Anmut? Kann er etwas wie immer Geartetes lieben, sei es auch unbelebt und gering?

B Nein, gewiß nicht; der Liebende liebt etwas, das immerhin eine gewisse Anmut hat, ein Etwas, das ich nicht zu benennen weiß, einen gewissen Liebreiz und Anstand.

A Demnach ist das geliebte Objekt nicht fremd und gleichgültig selbiger Seelenbewegung gegenüber, welche wir »Lieben« nennen.

B Wahrlich nicht.

A Und wenn nun der Liebende irgendetwas höchst Unschickliches liebte, sagen wir: ein Literat oder ein Mathematiker liebte einen Affen, ein Stachelschwein, eine verrostete Klinge – wäre selbiger Liebende dann immer noch ein Aufbewahrer der Würde der Liebe?

B Er könnte es sein, doch wäre seine eigene Würde durch die unglückliche Wahl seiner Liebe gänzlich vereitelt.

A Demnach – wenn ich recht verstehe – muß der, der liebt, ein schickliches Objekt lieben, und wenn er etwas Unschickliches liebt, verliert er eben die Würde der Liebe.

B So sehe ich es.

A Aber mir scheint, in solchem Falle wäre die Würde der Liebe nicht nur vom Liebenden kraft seiner Liebe verwaltet.

B Ich möchte eher sagen, daß es Fälle gibt, wo selbige Würde von einer gewissen Unschicklichkeit vergiftet ist.

A Eine Unschicklichkeit, die in dem gründet, was geliebt wird.

B Ja, wie Du gesagt hast.

A Daraus folgere ich, daß die Liebe für unanständigen Anstand empfänglich ist und daß selbige Qualität von dem abhängt, was geliebt wird. Denkst Du demnach nicht auch, daß das, was geliebt wird, einen gewissen Anteil an diesem Anstand der Liebe hat?

B So könnte man sagen; trotzdem bin ich nicht ganz überzeugt.

A Gesetzt den Fall, jemand liebt ein Stachelschwein, eine Schlange, einen Skorpion; denkst Du dann nicht auch, daß um jene zu lieben, der Liebende in sich eine besondere Liebesfähigkeit finden muß, wie sie sich eben für ein Stachelschwein oder ähnliches schickt?

B Ich kann es nicht leugnen, obschon mir all das wie Märchengerede vorkommt.

A Kann demnach Deiner Meinung zufolge die Liebe nur zwischen vernunftbegabten, sprachfähigen und die Kleidung liebenden Wesen vor sich gehen? Ist sie sozusagen eine Sache des Mannes und der Frau?

B Genau das denke ich; wer verliebt sich schon in einen Skorpion?

A Das scheint mir aber seltsam: daß nur der die Liebe erfahren soll, der vernunftbegabt ist. Die Liebe ist indessen kein Teil der Vernunft.

B Wahrlich nicht.

A Aber lieben Skorpione, Schwalben und Turteltauben etwa nicht? Beschleichen und verknäueln sich die Schlangen nicht liebevoll? Und sicher haben sie nicht das Vorrecht der Vernunft.

B Oh nein, sie haben es nicht.

A Demnach muß ich annehmen, daß die Liebe nicht in jedem Fall von Vernunft begleitet sein will; daß vielmehr aber überall dort Liebe ist, wo Lebendes ist.

B Aber die Würde ist verschieden.

A Beurteilst Du eine Liebe zwischen Schlangen als ungehörig?

B Ungehörig würde ich nicht sagen, und auch nicht unschicklich, aber ich finde sie finster.

A Aber die Schlange hat keine Vernunft in sich.

B Sie hat sie nicht.

A Und wir haben doch gesagt, daß Liebe nicht Vernunft ist.

B Du wiederholst Dich.

A Entschuldige. Aber wenn Liebe nicht Vernunft ist, sind dann jene Schlangen nicht ganz und gar Liebe, aus eben dem Grund, daß sie das Hindernis der Vernunft nicht haben? Kann ich daraus nicht schließen, daß ihre Art zu lieben umfassender und edler sei als die, zu der wir fähig sind – verschmutzt, wie wir sind, durch diese fremde und kalte Materie, diesen vernünftelnden Tümpel?

B Aber das menschliche Lieben ist hehr, edel, großzügig und ergeben.

A Hältst Du dafür, daß es in jedem Fall so sei, oder nur, wenn das Objekt angemessen ist?

B Nur wenn das Objekt angemessen ist.

A Demnach hat das geliebte Objekt Anteil an der Würde der Liebe.

B Ich könnte es nicht leugnen.

A Aber Liebe wohnt auch in Schlangen.

B Das wurde bereits gesagt.

A Und demnach haben wir eben als Liebende unsere Verwandtschaft mit den Schlangen.

B In sophistischer und extravaganter Weise schon – so könnte ich zustimmen.

A Aber sicher ist der, der nicht liebt, den Schlangen nicht verwandt.

B Er ist es wahrlich nicht.

A Aber wenn es im Lieben Würde gibt, ist es dann besser, zu lieben oder überhaupt nicht zu lieben?

B Zu lieben ist gewiß besser.

A Und wenn man demnach im Lieben selbige Verwandtschaft erreicht, dann ist es auch besser, mit den Schlangen verwandt zu sein als ihnen gänzlich fremd. Oder fühlst Du Dich von selbiger Verwandtschaft bedrückt?

B Bedrückt schon, weil die Schlange die Schlange liebt, und das angemessene Objekt der Liebe einer Schlange die giftige Tücke einer anderen Schlange ist.

A Räumen wir einmal ein, und ich weiß nicht, ob es wahr ist, daß die Schlange auch in der Liebe giftig und bösartig sei – wäre dann nicht jede Schlange ein schickliches Liebesobjekt für eine andere Schlange? Oder erschiene es Dir edler und schicklicher, wenn eine Schlange sich in eine menschliche Gestalt verliebte?

B Unedel und gänzlich unschicklich.

A Demnach liebt die Schlange, die eine andere Schlange liebt, in weiser und anständiger Art.

B Gewiß gewiß, das versteht sich von selbst.

A Aber ist dann diese Liebe der Schlange nicht eine gute und aufrichtige und würdevolle Liebe?

B Auf ihre schlangenhafte Weise ist sie es.

A Und dasselbe können wir, so glaube ich, auch vom Skorpion sagen. Oder liebt der Skorpion vielleicht nicht? Oder die Raupe? Oder die Wanderratte?

B Gewiß, in ihrer Weise lieben alle.

A Und die Schmetterlinge, Maulwürfe und Würmer? Und angenommen, daß es auch in anderen Welten Tiere gäbe, würden sie lieben?

B Sie würden lieben.

A Die Liebe ist überall, so läßt sich nun sagen.

B Überall, gewiß.

A Aber von der Vernunft kann man nicht ebensolches sagen.

B Nein, wahrlich nicht.

A Demnach ist die Vernunft nicht das Kennzeichen der Welt im ganzen und überall.

B Sie ist es nicht.

A Aber die Liebe ist es sehr wohl. Und demnach macht die Liebe und nicht die Vernunft uns zum Teil der Welt.

B Willst Du mich zum Verwandten der Schlangen machen, der nur als ebensolcher ein Teil der Welt ist?

A Nennen wir es nicht verwandt, sondern blutsanverwandt durch dasselbe gefühlsmäßige Blut. Es lieben die Pflanzen, und vielleicht lieben auch die Steine. Wurde nicht schon gesagt, daß die Liebe die Seele der Welt ist?

B Die Dichter sagen vieles.

A Glaubst Du nicht, daß sie Wahres sagen?

B Es fällt mir schwer, sie zu widerlegen; doch diese Schlangenmärchen bedrängen mich.

A Du kannst aber nicht leugnen, daß die Schlangen sich in der Welt befinden – genau wie Du.

B Gewiß, aber in gänzlich anderer Weise.

A Doch nicht, was die Liebe betrifft. Haben nicht

auch sie die Probleme von Anstand, Würde und Schicklichkeit?

B Sie haben sie, aber sie wissen es nicht.

A Gewiß, sie haben nicht Vernunftbegabung, sie sind ganz und gar Liebe.

B Sagen wir so.

A Demnach haben wir alle als Lebende Anteil an dieser Weltseele und gewinnen daraus diesen Anstand, von dem die Rede.

B Es sei so.

A Aber kehren wir zurück zu den Unseren – dem Liebenden und dem Objekt der Liebe.

B Ich höre.

A Wer liebt, hat Anstand, so wurde gesagt; unter der Bedingung, daß seine Liebe nicht unangebracht und unschicklich sei. Und daraus folgt, daß die Würde des Liebenden von der Qualität des Geliebten bedingt ist.

B Aber die Würde des Liebenden ist so viel mehr, daß seine Liebe etwas Ärmliches durchaus in Wunderbares zu verwandeln und Unschickliches schicklich zu machen vermag.

A Und das erreicht er, so nehme ich an, mit der Vernunft.

B Was sagst Du? Doch natürlich mit der Liebe!

A Dann kann also die Liebe Wunder wirken, wo die Vernunft nichts vermag.

B Überhaupt nichts.

A Auf solche Weise fällt der einzige Unterschied zu dem für Schlangen, Wanderratten und Würmer geeigneten Liebhaber dahin. Ich freue mich darüber.

B Ich sehe die Gründe nicht für diese Deine Freude.

A Ich könnte es so sagen: nur wer liebt, hat Anteil an der Liebe als Weltseele.

B Ich bin einverstanden und folgere daraus, daß die Würde dessen, der liebt, eine himmlische ist.

A Ich will das Himmlische der Hornviper nicht leugnen. Verdüstere Dich darob nicht! Kehren wir wieder zu jenem Paar zurück, dem Liebenden und dem Geliebten.

B Sprichst Du von Schlangen?

A Auch, aber wir wollen jetzt nicht in Gleichnissen sprechen.

B Fahre fort.

A Wir waren zu dem Schluß gekommen, daß wer liebt, größere Würde hat. Und besitzt, wer größere Würde hat, eine geringere oder größere Macht als der, welcher deren enträt?

B Eine größere Macht.

A Genau. Demnach ist der Liebende, dank seines Würdig-Seins mächtiger als das Objekt der Liebe, oder täusche ich mich?

B Ich kann Dir nicht folgen.

A Ich will damit sagen: der Liebende hat, aufgrund seines Anstandes, der ihn als Liebenden auszeichnet, das geliebte Objekt in seiner Macht, zumal dieses keine oder nur geringe und zufällige Würde hat. Glaubst Du, daß er es in Sklaverei hält?

B Wahrlich nicht. Das geliebte Objekt hat ein großes Machtvermögen über den, der liebt. Kurzum: derjenige, der liebt, ist Sklave.

A Und hat der Sklave Würde?

B Oh nein, die Beklemmungen und nichts anderes machen ihn edel.

A Und hat die Macht des geliebten Objekts Grenzen?

B Insofern es geliebt ist, kann es keine haben.

A Demnach ist es allmächtig.

B Seine Macht schwindet nur dann, wenn der Liebende zu lieben aufhört.

A Demnach hat das geliebte Objekt als der allmächtige Versklaver der Liebenden seine eigene schreckliche Würde, welcher der Liebende sich nicht widersetzt. Oder tut er das doch?

B Tut was?

A Setzt er dem geliebten Objekt etwas entgegen?

B Wie könnte er? Lieben ist dienen.

A Richtig, er ist demnach nicht voll und ganz würdig.

B Dem Himmel sei's geklagt! Er ist zuhöchst unwürdig!

A Vergiß nicht, daß wer liebt an der ganzen Welt Anteil hat. Er mag glücklich oder unglücklich sein, auf seine Weise ist er göttlich.

B Aber um den Preis welcher Bedrängnisse!

A Der Bedrängnisse des Liebenden?

B Der Bedrängnisse angesichts des Schreckens, den die Schönheit erregt: man fühlt sich sowohl dem Gefühl als auch dem Gegenstand des Gefühls gegenüber unwürdig, während man doch nicht *nicht*lieben kann; all das Erbleichen, die Träume, Schlaflosigkeiten, Schrecken und Ängste, daß das, was in die Liebe einstimmt, seinen Sinn ändern und sich anderswohin wenden könnte, oder gar die Ergebenheit mit Betrug belohnen ... Die Ahnungen, die Sorgen, die Bestürzung: »Deine Liebe ist nicht mehr von dieser Welt«: die in Einsamkeit verbrachten Tage, das leise Sprechen mit sich selbst, die grausame und zärtliche Knechtschaft – gehorchen, in eisigen Nächten wachen ...

A Und wird ein solcher wiedergeliebt?

B Zuweilen ja. Würde man ihn glücklich nennen? Was meinst Du? Gleichsam als wüßte er nicht um die Zerbrechlichkeit und Schrecklichkeit der menschlichen Gefühle. Das Nichtlieben tötet, das Lieben quält.

A Und die Würde? Wäre dann nicht der, der liebt, von höchster und zugleich geringster Würde?

B Lassen wir das, mach Dich nicht lustig! Derjenige, der liebt, ist ein wandelnder Scheiterhaufen, ein brennendes Holzscheit, das sich matt verzehrt im Dunkel einer ständigen Nacht, ein im Lauf Angeketteter, ein Erdolchter, der verblutend lächelt, eine Beute von Schlangen oder Pfeilen: alles ist Eifersucht, Furcht, Angst, Warten und Zittern.

A Und was würdest Du über das Objekt der Liebe sagen?

B Wenn das Objekt der Liebe, wie es vorkommt, mit Vorsicht und einem Anflug von Verachtung liebt, ist es ungreifbar, unerreichbar, unsichtbar. Es quält, aber seine Quälereien sind unschuldig und kindlich, außerdem uneingestehbar. Manch einer verzehrt sich dabei; anderen mag es gefallen, besagter Auszehrung beizuwohnen, sie zu nähren.

A Der Liebende verzehrt sich und erleidet Bedrängnis. Aber ist es nicht gerade die Wildheit dieser Lage, die ihn würdig macht, seine eigene Zugehörigkeit zur Weltseele zu erkennen?

B Das mag sein. Aber ich bin mißtrauisch.

A Wolltest Du demnach lieber nicht lieben?

B Keineswegs. Dann wäre ich ein anderer.

A Aber liebt der, welcher liebt, immer und ausschließlich Berührbares, Körperliches?

B Sprich weiter, ich höre.

A Hast Du nie ein totes Objekt geliebt?

B Dem Himmel sei's geklagt, doch!

A Würdest Du das eine unschickliche Liebe nennen?

B Wahrlich nicht, eher eine angstvoll angemessene.

A Aber das, was man als Geliebtes verloren hat, ist nichts, mit dem man verkehrt; es ist weder grausam noch schmeichelhaft.

B Es verkehrt in unseren Träumen, es flüstert neben uns an einsamen Orten, und in Rätselzeichen meinen wir seine Botschaft zu sehen.

A Aber sehen kannst Du es nicht.

B Nein, ich sehe es nicht.

A Und doch liebst Du. Und nimmst Du an, daß Du geliebt wirst?

B Ich weiß es nicht. Aber von der Intensität meines Liebens her gesehen, halte ich dafür, daß etwas von dieser meiner Liebe ihr Objekt erreicht. Ich glaube, daß die großen Schweigsamen nicht von dieser Liebe ausgenommen sind, die nach Deinen Worten die Seele der Welt ist.

A Demnach kannst Du etwas lieben, was Du nicht siehst.

B Was ich zwar nicht sehe, jedoch erinnere.

A Und kann man vom Hörensagen her lieben, oder von einem Bild, das man gesehen hat?

B Das kann man, ja.

A Aber das ist gewiß keine Liebe, welche durch die Augen geht.

B Wir haben innere Augen, außerdem können wir phantasieren, und schließlich können wir das, was wir lieben, wenn es zu sehen uns verwehrt ist, in unserer Einbildung gestalten.

A Demnach kann man etwas Unbekanntes lieben.

B Oder vielmehr etwas sagenhaft Bekanntes.

A Nehmen wir an, daß dieses nur durch Sage bekannte Objekt der Liebe nichts von all Deinem Lieben weiß, oder anderswo wohnt, oder gar – und Du weißt es nicht – tot ist, oder ein unwürdiges, gar schändliches Objekt.

B Die Liebe – insofern sie phantastisch ist – wird nicht schwinden.

A Man kann demnach etwas Inexistentes lieben.

B Gewiß, alle Liebenden tun das.

A Genau. Niemand hat, was er liebt. Keiner bekommt was er liebt.

B Keiner. Nie.

A Und gilt das für beide?

B Wie meinst Du das?

A Wenn das Objekt Deiner Liebe Dich nicht liebt, dann existiert es vom Gesichtspunkt der Liebe her eben nicht. Und wenn es Dich liebt, dann existiert es darum nicht, weil die Liebe immer etwas anderes liebt als das, was sie zu lieben glaubt und behauptet.

B Sagst Du demnach, daß das Objekt der Liebe etwas ist, das nicht existiert, ja gar nicht existieren kann? Obschon der Liebende liebt.

A Gewiß; er liebt etwas Inexistentes, Abwesendes, seit jeher Verlorenes.

B Seit jeher.

A Aber der Liebende existiert.

B Sein Leiden überzeugt ihn: er existiert.

A Der Liebende ist derjenige, der liebt; und derjenige der liebt, will die Vereinigung mit dem Objekt, das geliebt wird, erreichen. Aber von seiner Definition her kann das Objekt nicht existieren.

B Es kann nicht.

A Genau darum kann es nicht, weil es Objekt der Liebe ist. Aber was ist denn dieser Liebende, der etwas Inexistentes liebt?

B Ein Wahnsinn, eine Posse.

A Komm, komm! Er liebt, kann aber nur lieben, was gänzlich abwesend ist! Ist der Liebende womöglich nur der Ort, durch den die Liebe der Welt hindurchgeht?

B Ich kann Dir nicht folgen, aber ich ahne, worauf Du hinaus willst.

A Ich sage so: wenn der Liebende mit solchem Ungestüm und Schmerz etwas liebt, was es nicht gibt, dann muß er dazu von etwas anderem getrieben werden. Er liebt; aber da wir das Ziel seines Liebens als nicht intelligibel und praktikabel erkennen, so würde ich nicht sagen, daß der Liebende liebt, vielmehr, daß die Liebe als Weltseele in ihm sich selbst erkennt und liebt.

B Welcher Wirrwarr!

A Sagen wir's einfacher! Die Liebe liebt, und um zu lieben gerinnt sie zur Larve, zum Schatten, zur Maske, auch zu weniger: matte Worte, ausgesprochen in stillem Imaginieren, unmögliche Gesten.

B Und dann? Wird besagte Liebe ein wenig von ihrer Würde wiedergewinnen?

A Sie wird sie ganz und gar wiedergewinnen, mein Lieber, weil der besagte Liebende – wie auch das geliebte Objekt – das Nichts ist.

B Der Liebende ist das Nichts?

A Das Nichts. Er ist, wenn er den Gipfel erreicht, ganz und ausschließlich Liebe von etwas Inexistentem, und selbige Liebe, die das Nichts liebt, kann nicht von verschiedener Natur sein als das Nichts.

B Liebt demnach das Nichts das Nichts?

A Wir können es auf diese Weise sagen: handelnde und erlittene Voraussetzung der Liebe ist das Nichts.

B Das Nichts? Und die Liebe?

A Haben wir es nicht schon gesagt? Überall dort, wo das Nichts ist, ist die Liebe, und das Nichts ist überall.

B Aber die Liebe ist überall.

A Dieses, schließlich, hast Du gesagt, nicht ich.

Liebe ... ich bin jetzt – auch wenn ich nicht weiß, was diese Zeitangabe bedeutet – ein fleißiger und geachteter Angestellter in einer der angesehensten Institutionen des Landes, in das ich gelangt bin. Mein Posten ist bescheiden, ja äußerst unwichtig, weshalb sich lange niemand gefunden hat, der bereit gewesen wäre, ihn zu bekleiden und die bescheidenen aber notwendigen Dienstleistungen zu verrichten, mit denen er verbunden ist. Daraus entstanden nicht geringe Nachteile für das gesamte Büro, das für seinen guten Arbeitsablauf zahlreiche Formen der Niedertracht und Schande nicht nur nicht entbehren kann, sondern braucht. An diesem Ort, dessen Aufgabe es ist, die Zukunft zu entwerfen, verwalte ich das Archiv, und bin folglich mit der Pflege einer Zeit betraut, die nicht nur vergangen ist, sondern sich mittlerweile auch in trockenen Kot verwandelt hat. In dieser Zeit, die in großen Kartons versiegelt ist, hat es nie Platz für irgendeine Art von Frohsinn gegeben, nicht einmal für eine bescheidene abendlich gute Laune. Der dumpfe Geruch, den sie ausströmt, erinnert an den Gestank eines gerade getöteten Tiers, eines blitzartigen Lebens, das schon zu Aas geworden ist. Ich verdanke diese Anstellung meinem unglaublich verbrauchten Körper und meinen zerschlissenen Kleidern, und schließlich meiner unverhüllten Gleichgültigkeit gegenüber allem, was existenzhungrig ist. Meine weißen Haare, die offensichtliche Bereitschaft, jede Art von Krankheit mit natürlicher Gelassenheit hinzunehmen, und meine hartnäckige Nachlässigkeit, in erster Linie gegen mich selbst, haben mir einen mehr als achtungsvollen, ja einen ehrerbietigen Empfang eingetragen. Meine Kollegen sind nicht im eigentlichen Sinne Haushofmeister, doch sind sie gewiß aus jenem Stoff gemacht, der, wie ich vermute, auf verschiedene Arten verwendbar ist. Das erklärt, warum sie, obgleich keiner mir rangmäßig untergeordnet ist, allesamt aufstehen, wenn ich das Büro betrete, und manch einer sich sogar verneigt. Nicht ohne Tränen schreite ich durch die großen Räume und ziehe mich in mein Arbeitszimmer zurück. Ich weine häufig, und weil nur wenige sonst weinen, ja eigentlich niemand weint, werden meine Tränen als gutes Omen begrüßt, obschon niemand weiß wofür, da dieser Ort – obwohl nicht hoffnungslos – jeglicher Hoffnung entkleidet ist. Ich werde auch als eine Art Auszeichnung betrachtet, etwas, das – auch wenn es selbst ohne Ansehen ist – den Dingen, zwischen denen es verweilt, Ansehen verleiht. Den ganzen Tag lang katalogisiere ich Schriftstücke verschiedener Art und Bestimmung: Liebesbriefe, Reiseberichte, Geburtsscheine, Notorietätsurkunden für verschollene Tote, Ehebescheinigungen und Mitgliedskarten für verschiedene und widersprüchliche Religionen. Das alles scheidet einen Zersetzungsschweiß aus – etwas, das über die einfache und didaktische Kondition des Todes hinausgeht. Alles ist unerheblich und vielleicht noch mehr: mit einer Nutzlosigkeit behaftet, die man unmöglich handhaben kann ohne an Körperlichkeit zu verlieren. Ich habe ein Merkbüchlein, in dem ich alles notiere, was meiner Meinung nach auf Deine geduldige und – Du mußt es zugeben – irritierende Heimlichkeit anspielt. Sorgfältig habe ich die Kataloge der Abweisungen und Abfälle durchgesehen, die ich als eine Dir angenehme Materie, etwas wie einen affektiven Ausfluß betrachte; aber wenn es da irgendeine Spur von Dir gäbe, dann wäre sie natürlich unter einem falschen oder unmöglichen Namen versteckt, oder aber diese Abweisungen und Abfälle – anonym und undatiert, ohne Absender und Empfänger – gehören Dir: abgestoßene Splitter, die ich Dir nicht zu Füßen legen und jedenfalls nicht – verzeih mir den Ausdruck – als *unsere* betrachten kann.

Ich habe nicht die Absicht, dieses Büro zu verlassen, dessen unverhüllte Nutzlosigkeit ich zu schätzen weiß, und wo man mir gestattet, lange zu weinen, und wo man meine Arbeit wertschätzt, auch wenn sie als etwas rätselhaft oder vielleicht nur peinlich gilt. Ich bewege mich immer mehr in der Vergangenheit, die ich als einziges verstehe, und die mich nicht zurückweist, denn sie gehört mir, oder wenigstens bemächtige ich mich ihrer als einer Sache, die ich als Dir gehörig betrachte. Muß mein Leben demnach als ein Scheitern, als eine endgültige Niederlage angesehen werden? Schon allein wegen der Tatsache, daß ich geliebt habe, kann es nichts anderes als eine Niederlage sein; und kann es das auch wieder nicht; daraus, daß ich Dich geliebt habe, erwächst mir eine hartnäckige Ratlosigkeit, fast als gelänge es mir nicht, zu verstehen, in welcher Weise diese vergebliche und dennoch notwendige Liebe bewohnt und gelebt und – in wörtlichem Sinne – konsumiert wurde, denn in meinem jetzigen Leben sind Spuren davon nur noch in der Zermürbtheit meiner Glieder zu finden. In Wirklichkeit aber – während ich diese Schriftstücke durchwühle, ordne und erforsche – kämpfe ich weiter, kämpfe heimlich weiter – wenn ein mit meinem Verfall so unvereinbares Wort hier überhaupt sinnvoll ist. Ich forsche, frage und befrage mich selbst, ob diese Niederlage wirklich notwendig war, um in das stille und grenzenlose Elend dieses Büros aufgenommen zu werden und endlich jene Spur wiederzufinden – jene Fußspur, die nichts von ihrer Geschwindigkeit eingebüßt hat und darum leicht und vergänglich ist und sich mir bis heute entzieht. Ist es möglich, daß die Krankheit, die Agonie, und die Erwartung und Zelebration des Todes Zeiten und Orte des Sieges sind? Und daß es folglich nichts anderes gibt als die Wildheit einer umherschweifenden Existenz, die geeignet ist, mich auf jenen Weg zu führen, der mich – auch wenn ich sein Ende nicht sehe – als der »richtige« verlockt?

Liebe – seit einiger Zeit kämpfe ich in den Reihen einer Armee, von der ich nichts weiß, außer daß sie entschlossen scheint, einen Feind zu besiegen, den es, soweit ich weiß, vielleicht gar nicht gibt. Von diesen Feinden, die ich töten sollte, hat man mir ein allgemeines und zurückhaltendes Bild entworfen, das aber gleichzeitig so brüderlich wirkt, daß ich mich schon gefragt habe, ob ich nicht in die falsche Armee geraten bin; was aber auch nicht viel Sinn ergäbe, da ich von der anderen Armee weder Beweis noch Indiz besitze, noch irgendwelche Anzeichen bemerkt habe. Infolge des Krieges überwiegt in diesem Teil der Welt die Nacht, und die Sonne übersteigt den Horizont allenfalls um wenige Grade, während die Erde in diesen Stunden in einen allesdurchdringenden Nebel getaucht ist. Von Zeit zu Zeit rücken wir vor, und das vermittelt allen ein unnützes Gefühl von Sieg und verbreitet eine wilde Euphorie; nach einigen Stunden kann es sein, daß jemand den Befehl bekommt, nach rechts abzuschwenken – ein Manöver, das mit großer Freude durchgeführt und als eine schlaue und listige Operation, vermutlich eine Umzingelung, betrachtet wird, und als sicherer Beweis dafür, daß wir große und erfahrene Generäle haben. Wenn wir uns dann wieder zurückziehen, gehen die Meinungen auseinander: für einige ist der Krieg nun gewonnen, und man kehrt nach Hause zurück; für andere bedeutet gerade das, was wir als Rückzug betrachten, das eigentliche Vorrücken zum endgültigen Verderben des Feindes. Ich würde nicht zu sagen wagen, daß ich müde sei; aber diese fortgesetzte Ungewißheit über die Art der Schlacht, über die Feinde, über den Sieg und die Niederlage, ja über die Ziele und sogar das Vorhandensein eines Krieges überhaupt – all das ruft unausweichlich eine Art verzagter Ungeduld und auch ein Fremdheitsgefühl in uns hervor. Ich muß hinzufügen, daß niemand je einen höheren Dienstgrad gesehen hat, geschweige denn einen Kommandanten; und wenn das kommt, was als »Befehle« bezeichnet wird, dann kann niemand guten Gewissens sagen, woher sie kommen und wer sie als solche bezeichnet hat. Was meine Waffengefährten betrifft, so haben die Nacht, der Nebel und die Entfernungen mir nicht gestattet, ihnen je ins Gesicht zu sehen; zuweilen sehe ich ihre Hände, langgliedrig und knochig und wahrscheinlich an der Grenze des Menschlichen; sie reichen mir mit großer Höflichkeit das Essen oder nehmen ein wenig von dem Feuer an, das aus meinen Nägeln dringt, wenn ich sie als Flint und Zunder benütze, um damit das Holz unter einem Topf anzuzünden. Vor einigen Stunden habe ich an dem Ton, in dem sie das Wort an mich richteten, gemerkt, daß ich befördert worden bin, so daß man mir jetzt eine Art Gehorsam schuldet. Ich weiß nicht, wie es mir möglich war, einen solchen Grad zu erreichen, es sei denn aufgrund der komplizierten und schwierigen Träume, mit denen ich mich zuweilen herumschlagen muß, was ich mit einer Entschlossenheit und Verwegenheit tue, die meinen Vorgesetzten wohl nicht entgangen ist. Seit dem Augenblick, da mir diese geheimnisvolle Autorität verliehen wurde, hat sich die Lage in gewisser Weise sinnvoller gestaltet, zumal ich ausschließlich den Befehl erteile, immer im Kreis herumzugehen, so daß jenen Kriegern alle Gefühle des Sieges, des Manövers, des Rückzugs und der Niederlage zugleich vermittelt werden. Seit sie auf diese Weise manövrieren, halten sie sich gleichzeitig für unbesiegbar und auf der Flucht befindlich, was zwei nicht unvereinbare Euphorien hervorruft, die einer Armee meiner Meinung nach gut bekommen. Du wirst mich fragen, warum ich nicht desertiere. In Wahrheit scheint mir dieser Krieg so allesdurchdringend zu sein, daß auch für den geringsten und rücksichtsvollsten Ort des Friedens kein Platz übrigbleibt. Obgleich der Ort, an dem ich diene, mir unbekannt ist, die Kameraden unsichtbar und die Feinde unwahrscheinlich und dennoch bedrohlich sind und das Gelärme der Waffen ungenau ist, bin ich im Begriff, mich an all das zu gewöhnen, auch an die Dunkelheit und die Geräusche des Körpers, der Gräser, der Steine, und langsam überzeuge ich mich davon, daß dieser Krieg nichts anderes ist als eine emphatische, hyperbolische Form des Friedens. Du weißt, daß es nur einen einzigen Grund gäbe, zu desertieren, und ich kann mir nicht denken, daß irgendeinem Unterführer eine Landkarte ausgehändigt würde, die diesem Zweck dienlich und zugleich unmöglich zu lesen und zu deuten wäre. Ich weiß nicht, wo ich bin, und darum habe ich das – wahrlich nicht sehr erhebende – Recht, zu behaupten, daß ich hier bin. Ich glaube, daß hier zu sein ein ziemlich ehrenwerter Zustand ist, sagen wir, wie Notar oder Rechtsanwalt zu sein; ich weiß deshalb nicht, warum ich dieses »Hier« vernachlässigen sollte, das mir weit mehr bedeutet als irgendein akademischer Grad. Gewiß: ich höre, es soll Armeen geben, die durch die ganze Welt marschieren, und in denen unternehmungslustige Personen rasch Karriere machen. Ich sehe auch, daß diese Armeen eine größere Chance haben, dem Baum mit den Briefchen zu begegnen oder auf das wachsende Haus zu stoßen. Ich weiß aber nicht, wo diese Armee, die wahrscheinlich nichts anderes ist als eine simple propagandistische Erfindung, sich gegenwärtig befindet; und ich weiß auch nicht, ob mein Aufenthalt an Orten, wo ich die Möglichkeit hätte, sie zu erkennen, mir das Recht einräumte, auserwählt oder abgewiesen zu werden. Wir schlafen in den Gräben, auf den Tennen und in den Wiesen; ich träume – wir träumen – flüchtige Erinnerungsbilder und ich erwache, als wäre ich betrogen und getäuscht worden – und wahrscheinlich wurde ich es auch – und falle einem lautlosen Schluchzen anheim. Ich frage mich, ob es überhaupt möglich ist, daß ein Besiegter einer siegreichen Armee angehört; dann frage ich mich, ob ein anderes Schicksal möglich ist. Unsere Kost ist reichlich, die Uniformen sind aus gutem Stoff, und wir haben den Eindruck, daß wir der Obhut erfahrener und fähiger Personen anvertraut sind, die uns von Grund auf kennen, auch wenn sie uns möglicherweise nicht achten. Die Stunden des Schlafs sind lang; selten, fern und anfechtbar die Schüsse der Feuerwaffen – vermutlich von Sumpfjägern. Die Erde ist weich, so als hätte es vor kurzem geregnet, und der ländliche Geruch äußerst wohltuend. Ich habe das unbestimmte Gefühl, ein wenig haariger zu sein als sonst, und nicht immer bin ich sicher, an der Seite menschlicher Wesen zu kämpfen; wie auch immer, ich würde mich nicht daran stoßen. Es ist möglich, daß unsere Abteilung während des Schlafs vorrückt. Es kann sein, daß das, was wir als einzelne nicht kennen – vor allem die Richtung unseres Vorangehens – der Abteilung im Ganzen völlig klar, ja selbstverständlich ist, und daß wir im Schlaf – und nur im Schlaf – eine vorrückende Armee sind. Eines Tages werden wir vielleicht wissen, in welche Richtung wir vorgerückt sind, und werden vielleicht erkennen müssen, daß nicht unsere Befehlshaber, nicht der General der Generäle, sondern unsere Träume uns in die Richtung geführt haben, die uns gebührt. Ich glaube, daß all das gänzlich unwahrscheinlich ist; andererseits haben die Krieger viel Zeit zu verlieren, ihr Leben zählt wenig, und die Hypothesen, mit denen sie sich die Zeit vertreiben, werden weder widerlegt noch bestätigt. Jedenfalls haftet uns allen eine rätselhafte Feierlichkeit an, die uns äußerst würdevoll erscheint.

Als Sakristan dieser Kirche bin ich von allen eigentlich geistlichen Pflichten befreit: ich empfinde sie zugleich als wesensverwandt und fremd und besitze nicht die nötigen Qualitäten dafür; aber ich bin nicht davon befreit, mich beständig in einem geistlichen Bereich aufzuhalten, auch wenn meine Gegenwart an diesem Ort lächerlich, überzählig, rüpelhaft und vermutlich tollkühn erscheinen mag. Die Kirche ist nicht groß und könnte von nicht vielen Gläubigen benützt werden, und müßte einem Priester anvertraut werden, der mit den nötigen Geräten ausgestattet wäre, um ihn zu einem rechtmäßigen und geschützten Handel mit den geistlichen Dingen zu befähigen, für die diese Kirche eine Art Depot, eine Zollstation ist. An die Gläubigen habe ich keinerlei Erinnerung; es kann aber auch sein, daß mein Gedächtnis verbraucht ist, oder daß ich einfach unablässig abgelenkt bin durch meine Aufgaben, deren Bescheidenheit sie erdrückend macht. Ich bin nicht sicher, je dem Priester begegnet zu sein, es ist jedoch wahrscheinlich, daß ich ihn geträumt habe, und es ist anzunehmen, daß ich ihm in anderem Gewand begegnet bin. Im übrigen bin ich sicher, daß ich nie ein Zwiegespräch mit ihm geführt habe, und das erscheint mir vollkommen vernünftig.

Auf die Wände der Kirche, die alt ist, aber nicht sehr alt, sind große Fresken gemalt, und ihnen gegenüber bin ich fromm. Es gefällt mir zu denken, daß diese Fresken älter sind als die Kirche. Ich bin nicht gleich fromm gegenüber all diesen Figuren, die sich schweigsam und gebieterisch an den Wänden tummeln. Eine unter ihnen bereitet mir besonderen Kummer und schmerzlichen Trost. Natürlich ist es eine Figur, die mir den Rücken zukehrt, eine große, reine, kriegerische Gestalt, wahrscheinlich mit Flügeln, ein Engel. Ich kann dieser Figur nicht ins Antlitz sehen; da es mir nicht mißfällt, gleichzeitig zu forschen und mit mir selbst zu spielen, habe ich bisweilen versucht, den Punkt an der Außenseite der Kirche zu finden, der der Figur des Engels entspricht – gleichsam als könnte ich hoffen, von dort aus ihr Gesicht zu sehen. Daraus, daß kein Gesicht da ist, habe ich dann geschlossen, daß diese Kirche eigens gebaut wurde, um das Gesicht des Engels auszulöschen. In Wirklichkeit findet sich das einzige Anzeichen, das ich für ein Zwiegespräch, ein Zusammensein mit ihm besitze, gerade in dieser Weigerung, mir sein Gesicht zu zeigen. Zu diesem Engel, seiner Schrecklichkeit und Anmut, spreche ich jetzt; und ich verhalte mich, als hörte er zu. »Oh Engel der Gifte«, beschwöre ich ihn, »Du, der Du meine Hände mit Tränen geätzt hast, auf daß ich sie nicht mehr zum Gebet falten kann; lasse nicht ab, mich zu vergiften, von Deiner Höhe und Deiner erhabenen Einsamkeit herab; vor allem aber, sieh mich nicht an, enthülle Dich nicht, offenbare mir nicht Dein Antlitz! Seit jeher lebe ich mit Deiner Verneinung zusammen. Du verwahrst und verwaltest gewissenhaft die Gifte des Himmels, der Erde und des Waldes; mit einigen zermürbst Du das Fleisch; mit anderen bearbeitest Du aufs genaueste das Gesicht oder machst die Sprache dunkel und wirr oder zerschlägst sie zu Gestotter: jeden Glockenschlag jeder Stunde, die ich überlebe, machst Du unerträglich und sinnvoll; Du regierst den Inkubus meiner Nächte und planst das unheimliche und ahnungslose Erwachen; jeder Ort, an den ich gelange, ist sumpfig, unwirtlich, mondlos; mit Deinen giftigen Tropfen gravierst Du die Namen der Mörder und Selbstmörder in die Grabsteine; Du peinigst die Sterbenden und Gebärenden; aber nie und nimmer siehst Du jemandem oder sieht Dir jemand ins Antlitz. Du hast mich benützt wie ein altes Pergament, und hast mit Deiner giftigen Tinte Deine Worte mit solchen vermischt, die seit langem jeden Sinn verloren haben; daher nun dieses heitere Durcheinander von Buchstaben. Ähnlich wie Dein Wappenzeichen ist dieses Pergament jetzt unleserlich und wird es solange bleiben, bis Du jede Schrift endgültig mit Deinem Schwert ausgelöscht haben wirst.« Ich hebe meine Arme und zeige seinem Nacken meine verkrümmten und fleischlosen Hände, meinen mageren Hals, meinen ausgemergelten Körper. Er hat mich aufgezehrt – männliche Waffen auf weiblichem Hals; ach nein: nicht Hermaphrodit. Deine Unfruchtbarkeit ist wunderbar, verkünde ich ihm, und es gibt auch auf der ganzen Welt keinen Samen, der Deine beharrliche Gebärwut stillen könnte. Ein uraltes Verlangen nach Unbehagen hat mich an Deine geflügelten Fersen geheftet – an Dein nächtliches Antlitz, das verweigerte Licht, die Tagestransparenz, die kämpferische Weiblichkeit, die männliche Weichheit. Wahrscheinlich habe ich Dich selbst gemalt – in der einzigen Haltung, die ich von Dir kenne – und habe die vielfältige Polychromie meines Eiters zur Farbgebung benützt. Die Krankheit hat aus mir einen präzisen Farbakkord gemacht. Ebenso wie die Königinnen habe ich den Aussatz erfahren. Man hat mich in diese Kirche verbannt, wo die Traurigkeit meines Körpers sich im grellen Licht Deiner Waffen ausruhen kann, während ich von Deinem Nakken das unhörbare »Nein« Deines Antlitzes ablese. Ich könnte Dir nun sagen, daß ich etwas von Deinem Antlitz ahne, und bestimmt weißt Du etwas von meinem. Ich weiß, daß Du diese Wand, diese Kirche nicht bewohnst, sondern nur durch unzählige andere Wände Dein Bild gewahr werden läßt, das sich – reglos, ohne einen Fuß zu bewegen – seit jeher und für immer entfernt. Die Verneinung Deines Nackens ist also auch Deine Zustimmung.

Auch dieses kann geschehen; es mußte sicherlich geschehen: und jetzt bin ich Haushofmeister. Ich habe keinen Herrn – nicht einmal einen flüchtigen Schatten. Wir Haushofmeister wohnen in einem riesigen unterirdischen Zimmer; wir sprechen nicht, gestikulieren nicht und sind nicht wach. Jetzt weiß ich, warum unsere Kleidung stets makellos ist: es ist keine Kleidung, sondern unsere Haut, die Form und Farbe einer Livree besitzt. Bisweilen werden die Haushofmeister gerufen und ausgeschickt – man weiß nicht von wem –, um jemanden zu bedienen. Der, den sie bedienen, wird früher oder später auch Haushofmeister. Es gibt keinen anderen Ausgang. Wir altern nicht und kennen weder Krankheit noch Tod, wenngleich es keinen Sinn ergäbe, uns unsterblich zu nennen. Ich und alle anderen – wenn es sie überhaupt gibt –, die Dich gesucht und unausweichlich verfehlt haben, wir sind jetzt in Form von fleißigen Haushofmeistern zur Ruhe gelangt.

Wenn die Reihe an mir ist, werde ich einem anderen nächtlichen Reiter, der Dich suchen möchte, die Steigbügel halten; ich werde das ohne Eifersucht tun, ohne auch nur einen Gedanken daran, was notwendig geschehen muß, und ohne mich auch nur zu fragen, auf welche besondere Art und Weise er Dich nicht finden wird. Obwohl wir aussehen wie Männer, haben wir kein Geschlecht; und obwohl wir alle die Wirrnisse der Leidenschaft erlebt haben, hat keiner von uns mehr den Mut, sich an den Grenzen zur Liebe aufzuhalten, die wir endgültig anderen überlassen haben: nächtlichen Reitern, verkleideten Pilgern, Spionen und Possenreißern. Die Haushofmeister sind würdevoll; sie sprechen mit niemandem, nicht einmal untereinander, wenn sie auch häufig so tun, als stießen sie Laute aus. Sie sind eilfertig und gehorsam, wenn auch keiner von uns weiß, wer gehorchen soll und warum. Sie sind nicht melancholisch, und wenn sie überhaupt etwas dächten, dann dächten sie bestimmt, daß ihrer Lage eine Art von Spiel innewohnt, ein Narrenspiel, das sie alle schon allein deshalb treiben, weil sie existieren. Wir hätten alle etwas zu erzählen, und vermutlich auch etwas, das Dich betrifft; doch seit geraumer Zeit interessiert es uns nicht mehr, ob es für uns etwas zu erfahren oder zu erzählen gibt. Wir grüßen nicht und verabschieden uns nicht; es gibt keine Orte, zu denen wir aufbrechen und keine, von denen wir herkommen könnten. Ich würde es wagen, zu behaupten, daß unsere Lage eine vollkommene ist. Wäre ich mein eigener Haushofmeister, dann würde ich versuchen, mir folgende Botschaft zu übermitteln: Werde Haushofmeister! Daß anderswo über uns geredet wird – was mit uns geschehen soll und wann –, ist durchaus möglich; wichtig ist, daß wir nicht wissen, wo. Zur gegebenen Zeit wird uns jemand von unserer überflüssigen Treue lossprechen; es interessiert uns nicht, wer. Uns gebührt eine Art Rettung, aber wir wollen nicht wissen, welche, und auch nicht, warum. Wir sind diskret auch im Hinblick auf uns selbst. Keiner von uns hat einen Namen, auch wenn man vermutet, daß irgendwo ein Namensdepot existiert. Im übrigen ist es nicht nur überflüssig, sondern auch unmöglich, uns zu unterscheiden, und ein einziger Name ist genug für uns alle. Doch selbst wenn es einen solchen Namen gäbe, wäre er uns unbekannt, und das kümmerte uns nicht. Letzten Endes kann uns nichts geschehen, und das ist die Grundlage, auf der unser Gehorsam beruht.

Ich habe meine flatterige Ruhelosigkeit abgelegt, den Lärm der Befragung gelöscht, das Schweigen der Erwartung aufgehoben. Ich bin jetzt wieder im Wald, und ein winziges, vollkommenes Glück ist mir zuerkannt worden. Liebe ... ich habe beschlossen, Dich zu heiraten. Unwiederbringlich. Sage mir nicht, daß ich nicht einmal weiß, wie Du heißt, wo Du bist, und ob es Dich gibt. Ich werde Dich in jedem Fall heiraten. Du möchtest mich sicherlich fragen, wo denn der Ring sei; für dies eine Mal sage ich Dir nichts. Ich besitze Dich im Wald; es kümmert mich nicht, ob Du da bist oder nicht; ich habe Dich gefunden.

Dort, wo die Bäume zurückweichen und einer plötzlichen Lichtung Platz machen, begegne ich einem schlanken, sehr alten, einsamen Baum. Das bist Du. Ich erkläre, daß Du es bist. Wer anders könnte das sagen? Nein, ich werde nicht zu dem Baum sprechen. Vor ihm verneige ich mich. »Ich begrüße Dich, meine Braut!« Ein Schauer bewegt die unzähligen Blätter aller Bäume der Welt. Langsam beginne ich zu gehen. Ich gehe um Dich herum, und während ich gehe, betrachte ich Dich. Ich, Liebe, bin Dein Ring.

Liebe .. hier unten ist das Klima gleichmäßig und mild und weich vom Regen. Du fehlst mir, Du fehlst mir sehr. Weißt Du nun, daß dies die Beschreibung unserer Liebe ist – daß ich nie bin, wo Du bist, und Du nie bist, wo ich bin?

GIORGIO MANGANELLI wurde 1921 in Mailand geboren, studierte englische Literatur und lebt in Rom.

Hilarotragoedia. Prosa. Mailand 1964 (deutsch unter dem Titel »Niederauffahrt«, Westberlin 1967)
Letteratura come menzogna. Essays. Mailand 1967
Nuovo commento. Prosa. Turin 1969 (deutsch unter dem Titel »Omegabet«, Westberlin 1970)
Agli dèi ulteriori. Prosa. Turin 1972
Lunario dell'Orfano Sannita. Prosa. Turin 1973
Cina e altri Orienti. Berichte. Mailand 1974
A e B. Prosa. Mailand 1975
Sconclusione. Prosa. Mailand 1976 (deutsch unter dem Titel »Unschluß«, Westberlin 1978)
Cassio governa a Cipro. Mailand 1977
Pinocchio: un libro parallelo. Turin 1977
Centuria. Prosa. Mailand 1979 (deutsch unter dem Titel »Irrläufe. Hundert Romane in Pillenform«, Westberlin 1980)
Amore. Mailand 1981 (deutsch in der vorliegenden Ausgabe)
Angosce di stile. Essays. Mailand 1981
Discorso dell'ombra e dello stemma o del lettore e dello scrittore considerati come dementi. Mailand 1982

Giorgio Manganelli

»Der begabteste, einflußreichste und verhaßteste Schriftsteller Italiens.« DIE ZEIT

Niederauffahrt

Prosa. Aus dem Italienischen von Toni Kienlechner
Quartheft 20/21. 144 Seiten
Monolog über die absteigende Natur des Menschen, über seine Entrückungen und seine Abschiede.

»Ein Hadesbuch für Unerschrockene, denen Alptraumpoesie eine schlaflose Nacht wert ist.« SÜDDEUTSCHE ZEITUNG

Omegabet

Prosa. Aus dem Italienischen von Toni Kienlechner
Quartheft 40/41. 132 Seiten
Manual für das vergebliche oder zielstrebige, das saumselige oder eilige Reisen im Labyrinth.

Der Leser, der dieses Feuerwerk von einem Bilder und Concetti reihenden Sprachfuror durchhält, wird sich der Faszination nicht erwehren können und schließlich finden, daß diese Prosa von Seite zu Seite schöner wird. FRANKFURTER RUNDSCHAU

Unschluß Ein Leben im Regenhaus

Prosa. Aus dem Italienischen von Iris Schnebel-Kaschnitz
Quartheft 92. 144 Seiten
»Läßt sich überhaupt beschreiben, was in diesem labyrinthischen Traktat geschieht? Vielleicht hilft die Vorstellung weiter, es handle sich um ein Experiment: Manganelli hat die intelligenteste, einfallsreichste und bitterböseste Satire auf die Lehre von der Transzendenz geschrieben, die sich denken läßt.«
SÜDDEUTSCHE ZEITUNG

Irrläufe Hundert Romane in Pillenform

Prosa. Aus dem Italienischen von Iris Schnebel-Kaschnitz
Quartheft 107. 208 Seiten
»Subtile Allegorien, die nicht nur von Menschen handeln, sondern auch von Gespenstern, Schatten, Schreien, Himmelskörpern, Dinosauriern und Drachen: Irrläufe im unbegrenzten Reich der Kombinationen.« FRANKFURTER ALLGEMEINE ZEITUNG

Verlag Klaus Wagenbach Berlin